荆楚

兴农致富之星

JINGCHU XINGNONGZHIFUZHIXING

湖北省农村致富技术函授大学 编著

中国出版集团

世界图书出版公司

广州·上海·西安·北京

图书在版编目（ＣＩＰ）数据

荆楚兴农致富之星 / 湖北省农村致富技术函授大学编著.
--广州：世界图书出版广东有限公司, 2025.1重印
ISBN 978-7-5192-0407-5

Ⅰ. ①荆… Ⅱ. ①湖… Ⅲ. ①农民-先进事迹-湖北省-现代
Ⅳ. ①K828.1

中国版本图书馆 CIP 数据核字(2015)第 253619 号

荆楚兴农致富之星

策划编辑	杨力军
责任编辑	钟加萍
封面设计	高艳秋
投稿邮箱	stxscb@163.com
出版发行	世界图书出版广东有限公司
地　　址	广州市新港西路大江冲25号
电　　话	020-84459702
印　　刷	悦读天下（山东）印务有限公司
规　　格	880mm×1230mm　1/32
印　　张	8
字　　数	240 千
版　　次	2015 年 10 月第 1 版　　2025 年 1 月第 2 次印刷
ISBN	978-7-5192-0407-5/F·0206
定　　价	48.00 元

序

夏　航

　　农业更强，农民更富和农村更美，是新常态下"三农"发展的目标方向。农村致富带头人是农村经济发展的杰出人才，是农民增收致富的"领头雁"，是农村先进生产力的代表。加大农村人才开发力度，加快成长一批农村致富带头人，对于保持农业农村持续向好的局面，实现我省"建成支点、走在前列"具有重要意义。

　　近年来，我省农民增收的步子不断加大，除了政策、资金、农业结构调整等方面的因素外，一大批观念超前、敢想敢干、善于经营的农村致富带头人功不可没。作为科协系统专门从事农村科普和农村专业技术培训的工作部门，湖北省农函大紧紧围绕服务"三农"、提高农民科学素质、促进农民依靠科技增收致富的工作目标，培育造就了一批农村致富能手、土专家、农村经纪人和农民企业家，使他们成为当地的种养大户、家庭农场主、农民合作社骨干。

　　土生土长的黄飞翔被选聘为孝昌县花园镇常丰村大学生村官后，组建食用菌合作社，带领农民趟出了一条丘陵山区发展食用菌、实现农民增收的新路子；把技术辐射到周边省市、创年销售收入4500多万元的荆州市振飞养蜂专业合作社理事长陈启秀；在南水北调水源区主动调整农业产业结构，带领4000余户农民建设 3 万亩核桃高产高效农业示范园的带头致富的郧阳区胜源核桃产业协会会长李兴胜……

　　像黄飞翔、李兴胜这样一批农村致富能人头脑灵活、善于学习、敢闯敢干,能结合实际、把握机遇、创造性地开展工作。他们市场意识超前,接受新生事物快,头脑活络善经营,在搞活农产品流通、引导农民走市场、推广农业科技等方面展现出了独特的优势,为当地经济发展注入了活力,成为引领湖北农村经济发展的生力军。他们通过合法经营、诚实劳动获取了较好的经济收入,改善了自己的生活,提高了自己的影响力,为乡邻树立了榜样。

　　我们编辑出版《荆楚兴农致富之星》,是希望进一步提升这些农村致富"燎原火种"的社会影响力,让他们有更大的闯劲、更充沛的精力投身到事业中。同时,也希望全省广大农民群众以他们为榜样,从这些"兴农致富之星"的创业经历和心路历程中汲取养分,有所裨益,尽快成为有一技之长的、能闯荡市场的新型农民,用双手和智慧共同走上致富路。

2015 年 9 月

(夏航,湖北省科学技术协会党组书记、常务副主席)

《荆楚兴农致富之星》

编写人员名单

于　善	王志中	王洪清	毛启国
方元元	付　军	朱　纬	朱利民
向家堂	刘　杰	刘　蓓	汤　丽
李　平	李艾华	李春荣	李贵店
李跃峰	杨　敏	吴文胜	何　东
佘　影	汪洪兴	张　丽	张　凯
周云强	周相静	孟祥生	贺安国
徐　芬	高传家	唐基峰	黄久鑫
黄继超	梁博来	董兰涛	覃俊明
褚　冲	鲜　艳	廖　舜	

目录

漳河岸边的柑橘人

——记省农函大当阳分校学员、当阳市红鑫果业理事长丁德木

今年刚开春，年逾六十的当阳市淯溪镇春新村农民丁德木，被授予当阳市农村科普带头人。老丁文化程度不高，满打满算，也只能算个小学毕业。人也实在，想干啥事，干起来可是几头牛都拉不回来。老丁从小吃苦，是吃洋芋红苕、喝掺着野菜的玉米糊长大的；他也是当过"官"的，只是官有点小，村里的生产队长。就是这样一个农村汉子，硬是在依靠科技发家致富的道路上闯出了一条新路。如今提起老丁，十里八乡的老百姓，无不伸出大拇指。

穷则思变

老丁所在的村，是个革命老区。新四军来过，日本人也来过，解放军来了才取名——春新村。虽然穷乡僻壤，却也青山绿水，只要撒把种，就能开一片花。祖辈勤扒苦做的传统他全盘传承，改革开放的春风更是激励着他。1981年，丁德木全家老小齐上阵，挖了5亩没人要的荒山，试着种植从外地引进的"温州蜜橘"。1983年秋，黄澄澄的橘子像元宝一样挂满了枝头。这橘子皮薄、汁多、味甘，口感特好，老丁心里像喝了蜜一样。有了"天赐的礼物"，这下一发不可收了，他提着装满橘子的菜篮，向科委、农委领导汇报，寻找农业局、林业局的专家咨询，得到了充分肯定。

几年下来,这牛一样的汉子,请来果树技术员陈运福,提供柑橘苗,进行技术指导,硬是把近百亩的荒山搞成了"花果山"。那些年,丁德木在陈老师的指导下,挖掘到了人生中的第一桶金,成了村里的第一个"万元户",生活也因此有了很大的改善。但他并没有就此止步,看着脚下的黄土地和辛勤劳作的乡亲们,老丁暗自下定决心,要带动家乡父老种植柑橘共同致富,要彻底改变春新村贫穷落后的面貌。在他坚持不懈的努力下,林场管理局终于答应以扶贫的方式来扶助村里的柑橘种植业。1987年,春新村正式引进了温州蜜橘苗。有了政府的支持,又有规范的技术指导,全村进行了大面积的种植。那一年大家都尝到了甜头,整个村的精神面貌焕然一新,政府还授予丁德木先进个人奖。老丁心里感到很安慰,觉得这些年的苦没有白吃。

一波三折

转眼间到了1997年,春新村的柑橘种植规模已经扩大到几千亩,产量大幅上升,但也是那一年,柑橘的价格下降了很多。看到好多村民含泪砍掉了柑橘树,种上了别的经济作物,丁德木心如刀绞。反复思虑过后,老丁决定要帮助村民改变局面、走出困境。他觉得只有面向市场,打响自己的品牌,才有一条活路。

在现实的逼迫下,老丁迈出了走向市场的第一步,开始了天南地北跑市场的艰苦追寻。为了找市场,丁德木南下广州,北上郑州、西安、太原、保定、北京、天津、东北三省,山东济南、淄博,全国各大城市都留下了丁德木的足迹。万事开头难,刚开始常常是状况百出,大费周章运到目的地的蜜橘无人问津,好不容易把橘子卖给加工厂又结不到账，竞争对手恶意的寻衅滋事，生意伙伴一夜之间卷走全部货款……在闯市场的道路上，老丁数度受挫，吃了不少闷亏，赔了不少本钱，可谓"赔了夫人又折兵"。可老丁并没有被现实和挫折打趴下，他坚信路都是人走出来的。最终老丁还是凭着一股初生牛犊不怕虎的蛮劲，硬生生地开辟出了自己的一片天地，掌握了一条基本稳定的供货销货渠道。

与此同时，老丁一直没有落下对柑橘种植的钻研，他不仅抓紧一切时间学习新技术，报名参加农函大的学习，还请来农函大专家到橘田里为果农们办现场学习会，并且率先示范各项先进的柑橘管理种植技术，带动效果十分明显。功夫不负有心人，柑橘品质提高了，柑橘销路打开了，村民们的腰包鼓起来了，村民们的脸上又浮现出了久违的笑容。

好事总是一波三折。2008年，受四川广元"蛆柑"事件的影响，全国柑橘市场遇冷，甚至到了"谈橘色变"的地步，柑橘的行情陡然间下滑。各地代购商的电话疯狂呼叫，他们告诉老丁，很多果农因害怕他不去收货，都在聚众闹事。老丁一时急得焦头烂额，他心里明白，若按当时的价格收购不知道要亏多少。但老丁为人处世一直遵循着"诚信"原则，他一咬牙，把手里所有的订单都按原价收购了，就那一个星期，他亏损了几十万。但老丁从来没有为这事后悔过。经历了这次波折，老丁赢得了生意伙伴的尊敬与信任，"老丁"二字从此成为柑橘市场上响当当的金字招牌。

欣欣向荣

塞翁失马焉知非福。"蛆柑"事件的爆发虽然让丁德木赔得几乎倾家荡产，但面对困境，老丁并没有失去信心，他陷入了深深的反思与自责："蛆柑"事件虽然存在消费者过度扭曲和夸大事实的因素，但确实与农户们没有做好疾病防治工作有关，说到底还是因为柑橘种植技术的落后导致柑橘质量不过关。

找到了问题的关键，老丁下定决心，要弥补自身的技术缺陷，通过多处实地考察，向专家请教，以及阅读相关柑橘种植书籍，老丁边学习边实践，积极在自己橘田里试验柑橘标准化生产技术，效果喜人，老丁橘田里的柑橘个个果大色艳，营养丰富，汁多味甜，果品又上了一个新台阶。

丁德木(右)

从2009年起，漳河开始大面积推行柑橘种植标准化生产技术，制定和完善示范区柑橘的栽培技术、病虫害防治措施、柑橘质量分级标准、采收和加工处理标准、环境保护等措施。

漳河柑橘试行标准化生产后,柑橘品质大幅上升。2009年,漳河蜜橘成功获得国家绿色食品发展中心"A级绿色食品"认证,多次被国家农业部、湖北省农业厅评为优质柑橘,在北京国际博览会连续三年都获得第一名。2010年上半年柑橘总面积达到了52000亩,柑橘总产量达到20000余吨,总产值2000万元。同年,在老丁的带领下,漳河建立了柑橘专业合作社和营销公司,命名为"当阳市红鑫果业"。合作社采用统一的栽培技术、统一采购农药降低成本、统一防治时间提高防效等,取得了很好的效果,基本形成了生产、收购、打蜡、包装、销售一体化格局。除此之外,老丁柑橘的对外销售也步入了正轨。优良的果品和诚信的理念,让老丁柑橘在全国各大市场都打响了知名度,拥有了一大批忠实客户,形成了柑橘供不应求的局面。

2014年,丁德木参加当阳市组织建立的柑橘主销市场考察促销专班,专班对全国20多个水果批发市场都进行了全面认真考察,最终选择了满洲里农产品出口贸易市场,并且与满洲里的德民农产品贸易公司签订了合同订单,柑橘主要外销俄罗斯。在老丁的带动下,漳河的柑橘事业蓬勃发展,欣欣向荣,走出了一条柑橘致富成功之路。

从一个小小的柑橘种植户到杰出的农民企业家,丁德木这一路走得很辛苦。面对今天取得的成绩,他认为成功离不开党和政府的支持,离不开村民和亲友的信任,更离不开先进的科学技术做后盾。他的成功事例也说明,只要勤奋,只要肯钻研,只要讲诚信,只要持之以恒,就能干出一番事业。

农函大助力 念好茶叶致富经

——记省农函大鹤峰分校学员、
鹤峰县即品贸易公司总经理王勇

王勇出生于鹤峰县走马镇杨坪村的一个农村家庭，初中毕业后就一直辍学在家。由于家境贫寒，年少的他不得不很早就接受命运的安排，每天跟着父母起早摸黑的做农活。可是由于当时农业生产科技水平低下，又没有好的产业路子，即使再怎么吃苦，一年下来，全家也只能勉强有个温饱。无奈之下，从事了三年农业生产的王勇，不得不背井离乡，只身南下，先后到广东、海南、长沙等地，做过木工、泥工，干过搬运、快递，几年下来，自己生活状态还是没有什么根本的改变。不得已，出门闯荡七八年之后，王勇带着满身的疲惫和空空的行囊回到家乡，生活又回到了刚下学时的原点。

20多岁的人总得干点事，王勇想。这时候，走马镇全镇的茶叶面积已发展到将近十多万亩，许多乡邻都靠种茶和茶叶加工摆脱了贫困，一部分人还有了存款，建起了洋房。看着自己破旧低矮的瓦房，想到前面七八年走南闯北的经历，再看着这些乡邻依靠茶叶发生的变化，王勇决定也搞一个茶叶加工厂。于是，他东挪西借，凑了十多万元钱，修厂房、买机械、购燃料，又热热闹闹地搞起了茶叶加工厂。

事情的发展,往往不会按照人们的愿望那样去行进。王勇的茶叶加工厂虽然搞得热闹,但是由于厂房规模小,加工技术差,又加上资金周转困难等原因,做出的干毛茶质量不稳定,经常性出现杀青不到位和揉捻不均匀等问题,做出的绿毛茶汤色混浊,条形不匀,做出的黑毛茶颜色不纯,多次出现馊酸霉烂等现象。勉强卖出去的,也得不到好价钱,还有几次做出的毛茶拖出去,由于质量差,根本就无人收购,不仅加工费赚不到,连本钱都亏了。这样干了三四年,茶厂不仅没赚到钱,反而连投入的十多万元都打了水漂。

　　命运再一次和王勇捉起了迷藏,他不得不停下脚步,再次思考自己的努力方向。

　　2013年,新年刚刚过完,一次偶然的机会,一个特好的消息传到了王勇的耳中:省农村致富技术函授大学鹤峰分校将在走马镇举办第二期茶叶产业专业培训班。这个消息让王勇眼前一亮,知识改变命运,这或许就是一个转机,他想。做了三四年的茶,别人赚得到钱,我为什么不仅赚不到钱反而还亏得一塌糊涂?茶叶产业的出路到底在哪里,我的命运在哪里?带着一连串的疑问,王勇参加了这一届培训班的学习。从3月22日开班到4月22日结业,王勇就像一个饥饿的人扑在面包上一样,每天近乎疯狂地学习专家的讲座,汲取着知识的营养。无论是茶叶产业概述,还是茶叶加工技术,他都从头做起,像小学生一样一点一滴地做好笔记。由于有过做茶的经历,尤其是茶厂失败的惨痛经历,在学习过程中,他不断反省自己,吸取经验教训,虚心向专家老师请教。

　　针对王勇以前的经历,授课专家老师经过认真分析,给王勇提出了几点建议:一是扩大工厂规模,向规模要效益;二是改进茶叶生产和加工技术,提高产品的附加值;三是走茶叶加工和贸易一体化的路子,丰富经营手段,逐步实现企业化运行模式。

问题的症结终于找到了!老师提出的建议犹如一剂良方,培训还没结束,王勇关于茶叶经营的设想渐渐清晰起来。

王 勇

2013 的春天来得特别早,培训还没结束,山上的茶叶早就绿油油地发起来了。还在培训学习中的王勇很快做出了一个大胆的决定,扔掉以前家庭作坊式的茶叶加工厂,把工厂建到木耳山去!因为木耳山茶叶面积大,原材料丰富,适合建一个上规模的干毛茶加工厂。于是,王勇几番周折,投入上百万元,盘下了一个倒闭企业在木耳山留下的三千多平方米厂房,经过适当整修,再添置蒸汽杀青机、烘干机、揉捻机等加工机械,建起了一个年加工干毛茶50万斤的加工厂。在农函大学到的茶叶知识终于派上了用场,先进的茶叶加工技术和管理技术在厂里得到了应用。由于加工技术稳定,管理水平提高,毛茶质量可靠,毛茶的产量大幅度上升,当年生产的干毛茶销售一空,实现销售收入近300万元,毛茶产量和销售收入与原来的家庭作坊式茶叶加工厂相比,完全是天壤之别。

2014年,为了稳定茶叶生产和加工,王勇决定以加工厂周围的茶农为主,成立了茶叶专业生产合作社。专业合作社成立后,茶农因为有了稳定的鲜叶销售对象,生产的积极性更高了,茶叶的管理水平也更高了。到年底,不仅茶厂实现了预期效益,当地群众的收入更是有了显著的提高,专业合作社的茶农当年实现人均鲜叶收入三万元,木耳山二组和三组的大部分村民还建起了两层新房。

2015年,为了进一步壮大企业实力,扩大企业块头,丰富企业经营手段,王勇又注册成立了即品茶业贸易公司。按照省农村致富技术函授大学鹤峰分校专家老师提出的建议,通过王勇及公司同志的努力,他的设想正一步步变为现实。

新的平台,新的征程,摆在王勇面前的任务依然艰巨。走马镇是一个以茶叶产业为主的乡镇,当地群众收入一多半以上来源于茶叶。如何因势利导,趁势而上,把当地的资源优势转化为企业的经营优势;如何把民族文化、茶文化融入企业文化中;如何让农函大的智力优势会在即品贸易公司得到充分发挥,都是王勇深入思考、亟待解决的问题。

举科普大旗 打造黄鳝养殖业航母

——记省农函大监利分校学员、
监利县程集镇黄鳝养殖营销协会会长王世和

　　已是花甲之年的王世和,经历丰富,也算是见过世面的人物。1971年高中毕业后,当知青下放到农村;1974年到监利县供销合作社程集分社参加工作;1981年7月加入中国共产党,历任营业员、门市部部长、常驻外省市业务代表、业务经理。2003年因企业改制失业后,王世和开始从事黄鳝养殖。2007年5月,王世和凭借自己在商场多年摸爬滚打的经验和嗅觉,创办了监利县程集镇黄鳝养殖营销协会,2010年该协会被监利县科协定为湖北省农函大监利分校教学点。

　　教学点从解决会员户迫切需要解决的问题入手,以技术服务和产品销售信息服务为重点,规范运作,注重实效,不断增强协会的活力,通过辐射带动周边黄鳝养殖户达到3500多户,养殖面积1.5万亩,网箱20万口,黄鳝产量4200余吨,年销售收入2.1亿元。

　　程集镇黄鳝养殖的发展还带动了运输业、餐饮服务业、加工业、个体手工业、渔需物质等相关产业的发展,消化社会劳动力和返乡农民工3000余人。2011年3月,王世和主持的研究课题"黄鳝健康养殖技术的研究与推广"被监利县人民政府授予"科技进步一等奖",同年5月该协会被荆州市科协授予"荆州市先进农村专业技术协会"称号;2012年被中国科协授予"全国科普惠农兴村示范基地"。 王世和曾获"监利县第七届科技进步一等奖""监利县优秀政协委员""荆州市高效渔业创建活动先进个人""荆州市首届农业农村人才支撑计划农民专业合作社领军人才""荆州市第四届优秀经济人物""2010年中国企业转型先进人物""2013年中国行业创新先进人物""湖北省经济建设2014年度领军人物"。

王世和(中)在第十一届农展会上展示荆江牌黄鳝

建立健康养殖示范基地

2008年6月,在长江大学、省水产技术推广中心、县科技局、县科协、县水产局、程集镇人民政府指导和支持下,王世和牵头承担了国家科技支援计划子课题——黄鳝健康养殖技术试验示范基地。建立示范基地面积 1000 亩,培植黄鳝网箱养殖科技示范户 30 个,网箱 2000 口,推广黄鳝"二年段"养殖模式,每口网箱平均产量达到 55 公斤,收益 3000 元,纯利 1500 元。带动全镇养殖户 3500 余户,网箱 20 万余口,每口网箱纯利都在 800 元以上。

优化养殖模式,提高养殖效益

在养殖模式上,王世和大力推广黄鳝健康养殖技术,制定了无公害网箱养殖黄鳝技术操作规程,使生产的黄鳝成为无公害的水产品。在养殖方法上,重点推广"三改",即大改小、深改浅、短改长。大改小就是将过去 15 平方米的网箱改为 6 平方米左右;深改浅就是将 1.5 米深的网箱改成 1.2 米深;短改长就是将养殖周期由一年延长至二年,即"二年段"养殖。通过"三改",每口网箱由原来的 45 公斤提高到了 100 公斤,提高了单位面积产量,增加了经济效益,很快推广辐射到周边地区,邻近的江陵、石首、仙桃等周边县市和邻近乡镇也纷纷仿效。安徽、武汉、江西等外省的单位和个人多次到程集参观学习。

发挥"统"的功能,彰显协会作用

王世和带领程集镇黄鳝养殖营销协会围绕"统"字做文章,在"健康"二字上下功夫。近几年来,协会发展会员 215 人,严格按照《章程》科学指导、民主决策、民主管理、民主监督,大力推行"四个统一"的具体措施,把"无公害"养殖贯穿养殖的全过程,促进了程集黄鳝养殖业的健康发展。

统一黄鳝养殖生产管理,坚持日志记录;统一把握进种时间、质量和购种秩序,总结出"夏至前进种难活,立秋后进种不长","进种三天不下雨,下雨三天不进种"的投苗经验,仅此一项比过去减少损失300万元左右;统一饵料质量和饲料品牌,养殖户全部使用符合国家《无公害食品渔用配合饲料安全限量》要求的饲料;统一使用无公害药品防治病虫,使用的药品符合国家《无公害食品渔用药物使用准则》要求。

典型引路,示范带头

黄鳝养殖具有效益高、投资大、风险大的特点。针对有些养殖户举棋不定的心理,王世和带头示范,率先扩大黄鳝养殖面积,引导思想较前卫的农民进行黄鳝养殖,此举收到良好效果,养殖规模也逐年扩大。

2007年,国家科技支撑计划——黄鳝健康养殖试验示范项目落户程集镇,由协会领衔,通过科技示范户率先试验,制定了黄鳝健康养殖推广普及方案。目前全镇普遍达到健康养殖标准。

今年初,王世和在省水产科技推广中心、长江大学和县科技局、水产局、科协、合作社争取科研资金12万元,无偿扶持鼓励10个科技示范户带头进行人工繁育优质黄鳝苗种示范试验,设备网箱2200口,利用科学技术进行人工的仿生态孵化,现已繁育苗种近50万尾,实现了全国人工系列黄鳝苗种零的突破,达到了预期目的,即将在全镇普及推广。

注册基地和商标,打造无公害黄鳝品牌航母

按照相关规定,黄鳝无公害(出口)养殖必须进行基地注册登

记和养殖户情况备案登记。2008年5月23日,王世和邀请省、市检验检疫局领导亲临现场进行评估,专家们一致肯定,程集镇黄鳝养殖规模宏大,水源和种源条件得天独厚,管理方式科学得当,符合无公害产地和产品(出口基地)注册标准,通过申报注册,2008年取得了无公害产地认定证书、无公害产品认证证书和水生动物注册养殖场登记证。2009年5月注册了"荆江"牌商标。2009年6月被荆州市委、市政府授予"农民专业合作组织"示范合作社湖北省科技厅授予"湖北省农业科技创新示范基地"的光荣称号。2010年6月,"荆江"牌黄鳝作为供上海世博会期间供沪水产品,经送检,全部指标符合标准。2010年10月由省科技厅牵头,央视七台《每日农经》栏目组专程到协会黄鳝养殖基地做专题采访,制

王世和(中)在第十一届农展会上接受央视七台《每日农经》栏目专访

作了题为"受欢迎的监利黄鳝"专题片,在央视七台播放。随后,省公共频道、荆州新闻频道、监利电视台先后又做了专题采访。2010年5月申报了农业部第五批水产健康养殖示范场,2010年11月经农业部专家组验收合格。

强化科技培训,提高会员科学素质

王世和大力推行黄鳝健康养殖技术培训和指导工作,每年聘请省、市、县水产专家和农函大教师对会员开展集中培训和技术指导不少于15次,年受益人员不少于5000人次,会员参训率达到95%以上。他还积极与省市大专院校建立长期合作关系,每年聘请长江大学教授杨在洲、杨代勤以及荆州市水产局高级水产工程师赵恒彦为常年顾问并实地指导调研,开展讲座、报告会十场次,印发《黄鳝养殖致富指南》1万册,《健康养殖指南》2万份,各种技术要点6000余份,惠及农民5万余人。同时,通过"技术短信""专家咨询""电子信息屏"等服务平台,拓宽科技服务领域,进一步提高会员的无公害意识和管理水平,及时解决生产中存在的各种技术问题,确保会员增产增收。

水产养殖先锋 带富一方乡邻

——记省农函大红安分校学员、
红安县觅儿寺镇水产养殖协会会长王业洲

2014年6月,中国科学技术协会、财政部公布了"基层科普行动计划"奖励名单,红安县觅儿寺镇水产养殖协会位列其中。在觅儿寺镇说到水产养殖,就不能不说到这个行业的"老大"——王业洲。从跌跌撞撞的起步养殖,到发展壮大的规模经营,伴随着他一路的呕心沥血、风雨兼程。在带领周边乡亲走向共同致富的路上,王业洲真的是付出了太多太多。

今年45岁的王业洲,是红安县觅儿寺镇王槐村村民,高中文化。红色大别山区山山水水的清澄秀丽,滋生了他一生对水的眷恋。他外出打过工,在家搞过传统农业种植,经过一番摸爬滚打,他决定依靠得天独厚的水乡便利条件,走水产养殖之路。也正是搞水产养殖经营,让他的人生有了精彩的舞台。

于是,他毅然报名参加了农函大水产养殖专业培训班。学习结束后,王业洲承包了本村门前河和抛荒田60亩,改造成养鱼池,从事水产养殖。经过长期的养殖实践,摸索出了独具特色的养殖技术,出产的渔产品年纯收入20多万元。

从此,水产养殖成为王业洲的收入来源,更是成为他的事业。在传统养殖迈向现代科学养殖的转型进程中,当开路先锋,带动农民共同富裕,如期实现小康目标,这才是他追求的根本所在。

为了扩大规模带动更多村民从事水产养殖业,在县科协和觅儿寺政府的支持下,2008年5月,王业洲和另一位养殖大户周世友牵头依法创办成立了红安县觅儿寺镇水产养殖协会。把全镇养殖户组织起来,统一管理、统一安排学习技术、统一提供种苗、统一销售产品等。此时,他思考的不再是个人利益,而是命运共同体——千余户农民的收入。

王亚洲

"村看村,户看户,群众都看科技户。"天生质朴诚厚的王业洲,一直把勤劳耕耘作为追求财富人生的信条。邻里一家亲,王业洲水产养殖致富后,主动提供技术,传授经验,拿出扶助资金,帮扶其他农户上马水产养殖项目,为许多渴望致富的农民铺平了养殖之路。

船大好出海。王业洲发起组建的觅儿寺镇水产养殖协会在拓展市场、降低风险、科学养殖、减轻成本等方面发挥了积极作用。每年在协会的带领下推广无公害水产品养殖技术,极大地推动了觅儿寺镇水产养殖向规模化、特色化发展。

徐绪艾是觅儿寺镇水产养殖协会120户会员之一。笔者前往采访时,徐绪艾正将最后一批鱼苗投放完毕。徐绪艾高兴地告诉记者,3个月后这批鱼就可捕捞,比一般养殖户提前收益,亩产可达1000公斤,年纯收入普遍高于周边农户20%以上。

科协农函大持续引导科技行业协会和科普示范基地的带动作用,结合当地自身自然条件、产业基础,大力实施"生态发展、绿色崛起"主战略,坚持"基地规模化、种植标准化、产品品牌化"思路,坚持"生态、绿色、有机、特色"方向,促进渔业科技含量,提高业务水平,大胆应用新品种新技术,渔业生产取得较好的收益。

王业洲并没有就此满足,经过农函大的穿针引线,他找到华中农业大学和省水生科学研究所,在专家的技术指导下,严格按照《无公害水产品养殖技术操作规程》进行养殖,出产的鱼肉质鲜嫩、卖价高。在他的带动下,协会会员和周边农户1168户从事水产科学养殖,亩增纯收1200元,会员年均收入达5万多元。

多年养殖与销售的磨砺,培养了王业洲不同寻常的眼光。作为渔业科技的带头人,他不仅对水产养殖、苗种培育、水质调节等关键技术耳熟能详,而且对把握市场也有独到的见解。

王业洲认为,市场是一把无形的手,很大程度上决定着农副产品的销路和价格。在相当长的时期里,农副产品与品牌、商标基

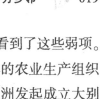

本上是绝缘的。王业洲在水产协会成立之前，就看到了这些弱项。成立协会后，他就逐步向统一的、标准的、有品牌的农业生产组织发展，形成了农副产品的企业化生产经营。王业洲发起成立大别山远宏商贸有限公司，与省内外知名公司集团签订饲料、生物肥和水产品购买销售合同，形成了产供销一体化服务和共同发展的模式，打赢了市场的主动战，降低了农户受农产品滞销、价格走低因素的影响。

眼下，王业洲又组织养殖大户到潜江学习小龙虾养殖，力争打造协会的又一品牌，促进水产发展。

正值壮年的王业洲，他身上散发出来的始终是年轻人的勃勃朝气。作为鏖战商海、博弈市场的舵手，他总是希冀着梦想成真。

"闯"出来的科技企业家

——记省农函大孝昌分校学员、
湖北云峰绝缘材料有限公司总经理文钊

"自己当了老板,又带动家乡人民就业,不仅实现了自己的梦想,还为家乡的发展尽了自己的一份微薄之力,我感觉到自己很幸福。"说这话时,文钊脸上尽显骄傲、从容与自信。

文钊,32 岁,周巷镇阳岗村人,在外打拼多年,过着高职高薪的优越生活。受乡镇党委、政府盛情相邀,在回报乡梓豪迈情怀的激励下,毅然辞职回乡创业,成为当地创业名人。他投资建成的湖北云峰绝缘材料有限公司是一家技术密集型企业,生产基地位于阳岗村,年产值 2000 万元,引导 50 多个村民实现家门口就业。

脚踏实地,练就扎实基础功

2005 年,大学毕业后,文钊在苏州一家绝缘体材料生产公司做销售,他勤勤恳恳地工作,本本分分地做人,深受公司上下好评。文钊是一个有心的人,他把销售工作中成功的案例和做法记录下来,一边工作一边用心总结经验。工作 3 个月后,被公司提拔为销售经理,月薪加至 2 万。"在那里工作,学到了不少经验,积累了不少客户资源,也有了一点积蓄,对后来创业是很有用的",文钊说。

大胆尝试，勤劳开辟创业路

众人羡慕的高职位、高薪水没有能留住文钊。从小就有开拓创新精神与执着毅力的他毅然放弃这优厚的待遇，开始踏上辛酸与快乐并存的创业路。

在苏州工作的4年，文钊和弟弟文磊攒了50余万元钱，并向亲朋好友借了100万元，自己开了一家绝缘体材料贸易公司。万事开头难，创业之初的文钊并没有一帆风顺。

起初，整个公司只有5个业务员，1个发货、接货人员、1个财务员。由于公司规模小，在业内没有名气，经营初期非常艰难，仅靠文钊以前积累的一些客户支撑。开发新客户成为公司生存、壮大迫切需要解决的一个问题。

文　钊

为开发新客户,拓展市场,文钊亲自带着几个业务员,没日没夜地跑业务,累了就在路边休息一下,饿了就随便就着水啃几口馒头。尽管他们付出了努力和汗水,但多数客户认为他们是皮包公司,不信任他们,认为从他们公司购买产品多了一个销售环节,价格必然比到厂家拿货贵,而且质量也没保障。被客户拒之门外成为他们的家常便饭。文钊从不放弃,依然怀有满腔的创业热情。只要有一丝希望,他都会争取。走访100多个客户,能有一两个有意向合作,他们都会兴奋异常,努力争取。

文钊一行经常早上5点多出门拜访客户,到中午就到路边小摊吃一份蛋炒粉。担心坐车会错过与路人交谈机会,错过商机,他们很多时候是边步行边寻找商机。周末别人休息时,他们还得把客户信息梳理一遍,把下个星期要做的事情、要拜访的客户安排好。

正是由于这样的肯吃苦,肯努力,有耐心,文钊终于在绝缘体材料业内闯出了一定的名气,获得了客户的肯定。与他们合作过的客户认为他们的产品质量好,价格实惠,货源齐全,还介绍自己的朋友跟他们合作。随着客户的增多,市场的拓展,文钊的事业蒸蒸日上,贸易公司产值从最初的100多万元扩大到近两千万元。

真情贡献,回乡创业志更高

2010年10月,来自家乡孝昌县周巷镇的党政领导、阳岗村书记等人到了苏州,给文钊带来了家乡的问候,并诚恳地邀请他回家创业,带领家乡群众共同致富。一直都有回乡创业梦的文钊欣然接受家乡领导的邀请，回到阳岗村成立了湖北云峰电器有限公司。

湖北云峰电器有限公司是一家技术密集型企业，总投资2000万元，占地面积20亩，目前已引进生产线3条，生产间6个，机器设备50余套，主要加工、生产绝缘纸、电机绝缘线、丝包线、变压器等产品，年产值2000余万元，已为杨岗村及周边群众提供就业岗位50多个。近期还将购进机器设备100余套，为周边村提供更多就业岗位。县农函大分校主动作为，及时为企业就业人员做岗前培训，确保工人进入公司就能胜任工作岗位。

"回乡创业一直是我的心愿，我希望通过自己的努力让家乡能够得到改变，不仅仅是改变家乡父老乡亲的物质生活，也是改变他们的思想。以前在村里的时候，很多人仅满足于出外打工，做抹灰工，一年挣十几万。而我那时就不这么想，我总想自己去闯一闯，去创业，成立自己的公司，把它做大做强。希望这次回来，能够用自己的行为带动家乡人民转变思想观念，带动他们创业，让他们知道有梦想、想创业、能吃苦，就能够获得成功。"文钊深情地说。

展望未来，拓展规模大发展

谈到企业未来的发展，文钊显得信心十足："我们公司现在已经申报了湖北省高新技术企业，并获得批准，也是县规模企业。未来几年，我们想扩大投资规模，预计投资5000万元，成立相关配套设施公司、贸易公司，成立一个集三个公司为一体的企业集团，力争产值达到5000万元。目前云峰贸易公司已经在县开发区落户,处于征地新建阶段。拓展规模,谋更大的发展是我们的目标。"

湖北云峰绝缘材料有限公司

创农业经营新模式 走转型发展新路子

——记省农函大当阳分校学员、
当阳市颖凯特种养殖专业合作社理事长文河

在当阳市坝陵办事处花园村六组，有一片近500亩大小的平地，地面密布着大大小小各种水池，池边有各类植物，水池上空还架有电线，这便是当阳市颖凯特种养殖专业合作社所在地了。

当阳市颖凯特种养殖专业合作社成立于2008年，由坝陵办事处童台村村民文河发起成立，联合周边有意向的群众近百人，共同发展龟鳖特种养殖，年产值近3000万元，年收益过1000万。

探索特种水产生态养殖致富之路

文河所在的村是当地有名的"穷窝子"，不仅村级规模小，而且地理位置偏，人均土地资源少。因地理位置、自然条件的限制，该村一直从事传统农业生产，经营效益差，农民收入少，直到20世纪90年代，该村人均纯收入还不足2000元。文河和几个村民深知发展传统农业不能改变穷困的现状，为了寻找致富的路子，他们积极在调整产业结构上不断地摸索和寻找。1998年，经过多次市场调研和尝试，他们发现了龟鳖养殖的商机。龟鳖在发达地区不仅是食品，还可以作为宠物观赏，特别是观赏龟养殖场地小，成活率高，市场需求量大，经济效益非常可观。经过一番冷静思考，他们认为，本地气候环境适宜养殖,决定在本村发展特种龟鳖养殖。

说干就干,他们凑了2万元资金,开始了龟鳖养殖。他们陆续从荆门、沙市等地引进种龟。开始不懂养殖技术,生怕种龟有什么闪失而让投资打了水漂,经常整夜不睡觉,守在龟篷里观察它们的生活习性,钻研养殖书籍,不断提高养殖技术。为了提高专业知识,他们参加农函大学习,还多次外出考察学习设施建设和养殖技术,邀请农业服务中心的专家定期上门进行技术指导。因为踏实肯干,善于学习,文河的龟鳖养殖规模越来越大,年收入已超过1000万元。他还被聘为国家龟鳖协会副会长、全国名龟保护委员会副主任。2011年,他当选为当阳市政协委员,先后2次被评为当阳市乡土拔尖人才。

文河带领养殖户们边养边学,不断积累养殖知识,经过十多年的摸爬滚打,他们从以前的"门外汉"蜕变为谙熟龟鳖养殖技术的"土专家",养殖技术已经达到国内先进水平,养殖规模也不断扩大。目前,文河及养殖户们的龟鳖养殖已由当初的3个品种发展到现在的31种2万余组龟鳖亲本,濒危物种潘氏闭合龟得到抢救性保护繁殖,种群数量不断扩大,欧美名优观赏龟的种群引进驯化工作居全国前列。养殖水面从当初的3亩发展到现在的近700亩,年产龟苗70000余只,畅销北京、上海、广州等地,年产值达8000万元,黄缘闭合龟等龟种的存量价值达到5亿元,已掌握了全国市场定价权。

依托合作社构建特种水产生态养殖联合舰队

龟鳖不像传统的农产品,可以在市场随时贩卖,种龟的购买和产品销售都有着相对特殊的渠道。2008年,养殖户开始多了起来,但在分散养殖过程中大家各自为政。因进货渠道分散造成种源不纯,影响了产品的品质,有的养殖户甚至上当受骗;养殖户之间缺乏交流,没有统一的信息集散,养殖信息封闭,导致养殖户扎堆养殖某个品种,价格也随之受到影响,增加了养殖风险;养殖户们在销售产品时,价格高低不一,造成恶性竞争,有的养殖户为了提高产品的销售量,甚至低价倾销,扰乱了市场,也伤害了其他养殖者的利益。

针对这一现象,为了共同经营,共担风险,提高效益,文河在2009年成立了颖凯水产养殖专业合作社,合作社由养殖大户出资发起成立,以服务成员、谋求全体成员的共同利益为宗旨。入社自愿,退社自由,地位平等,民主管理。实行自主经营,自负盈亏,利益共享,风险共担,盈余主要按照成员与合作社的交易额比例返还。

文 河(左)

合作社成立以后，形成了由合作社统一购销、统一信息服务、统一技术指导的规模化、合作化养殖经营格局。一是统一购销种源和产品。合作社统一为养殖户购买种质优良的种龟，联系销售渠道，将养殖户的产品统一发货出售，节省了物流费用，解除了农户进货、销售的后顾之忧。二是统一提供信息服务。以市场为导向，引导养殖户养殖行情好、收益高、增值潜力大的品种，避免分散养殖的盲目性，降低了养殖风险，增加了收入。三是统一进行技术指导。合作社有经验丰富的养殖大户，聘请了养殖专家，随时为养殖户提供免费技术咨询、上门指导服务，并定期为养殖户开展龟鳖健康检查，防治疫病发生。养殖户在合作社成立以后，由于实行了规模经营，使本地的龟鳖养殖产品迅速占领了全国市场，统一了定价，规范了市场，打出了自己的品牌，许多进货商慕名而来，黄缘闭合龟和星点龟占领了全国三分之一的市场。

目前，合作社的成员已经发展到 70 多户，户均年收入达到 50 万元以上。2010 年颖凯龟鳖特种养殖基地成功获得国家级绿色食品认证书，荣获 2014 年度中国渔业协会龟鳖产业分会和全国名龟产业保护委员会颁发"全国珍稀龟类物种保护特别贡献奖"，被评为 2012 年 12 月—2015 年 12 月中国渔业协会龟鳖产业分会和全国名龟产业保护委员会颁发黄缘壁壳龟全国种质遗传育种中心；2011 年荣获一种龟养殖场实用新型专利证书；2014 年获得有机转换产品认证证书。目前正在申请全省龟鳖养殖特种水产品健康生态养殖第一园称号。

"以点带面"带动全村乡亲搞养殖兴农致富

文河深知一人富不是富,乡亲富才是真的富。随着养殖效益年年递增,他积极鼓励村民发展搞养殖,只要有意愿的,他都鼎力支持。通过鼓励和宣传,童台村许多村民开始动心了,纷纷筹资搞龟鳖养殖。文河等养殖大户们也给这些村民以大力支持,先后给他们提供启动资金600多万元。为了发展规模经营,提高养殖名气,文河等人集中了本村及外村60多户分散养殖户,建立2个养殖小区,连片养殖面积达到了680亩。同时,积极探索"稻龟鳖共生""鱼鳖混养"新模式,发展立体农业。

通过"以点成线、连线成片"的示范带动发展模式,目前龟鳖养殖不仅在童台村全面开花,还辐射带动了邻近的木林、花园等村,这片区域内龟鳖养殖户已经发展到70多户,其中年收入过百万元的大户就达10户以上,全村人均纯收入达到了3万元以上。

梦想升级:探索农村新能源技术

——记省农函大蕲春分校学员、
蕲春县荣欢农村能源专业合作社理事长叶荣喜

一说起叶荣喜三个字,在蕲春县彭思、横车、赤东、株林等乡镇,可谓家喻户晓,这位没有高学历的传统农民,用十年光阴潜心钻研沼气实用技术,成为鄂东地区农村清洁能源示范推广的领头雁。他曾是省农函大学员,现在是农函大聘请的沼气土专家。

2005年,叶荣喜最初打算发展生猪养殖,可一年下来,他的猪场却因为猪粪的污染导致生猪相继病死,这下可把他愁坏了。在一次农函大蕲春分校的沼气技术培训班上,叶荣喜接触到沼气技术。为了改善猪场卫生,他开始研究最新的沼气技术。就这样,叶荣喜渐渐发现沼气不仅可以改善养殖环境,还能变废为宝,成为农村家庭天然优质的燃料,于是叶荣喜走上了这条从事农村沼气推广的研究之路。

10年来,叶荣喜通过刻苦钻研,从传统的沼气池设计到现在新型沼气池设计,从9立方米容量的小沼气池到300立方米容量的中型沼气池,现在发展到600立方米大容量沼气池,从人工出料到现在自动出料,他总能不断进行技术革新,现在他推广的沼气技术,节能节源,成本低见效快效益高,能同时供应50余户用气,沼渣和沼液能当肥料使用,不仅改善田地土壤,还使农民土地增产增收。

在蕲春县彭思镇，村民这样评价叶荣喜："书读得不多，但人很勤劳，大脑瓜灵活！"农函大老师给他编了个顺口溜：叶荣喜个不高，新鲜事物他能搞，创新试验从他起，成功有效再申报。沼气池简又好，节约能源花钱少，自出料是个宝，专利技术真是妙！

叶荣喜自费到华中农业大学报名参加全省沼气实用技术短训班，跟班学习沼气建设，从此一发不可收。

在农村推广新型实用技术，并非一帆风顺。为动员村民试用沼气，他在自家猪场边建了两口沼气池，十多天就产气点火。左邻右舍跑来看热闹，叶荣喜借机向村民承诺："我给你们建沼气池，不点火不收钱！"

乡邻将信将疑。做了两三户的沼气池之后，果真产了气，效果还不错，叶荣喜的名气逐渐传遍十里八乡。随着农村小型沼气工程的陆续普及，叶荣喜发现，湖北推广的小型沼气池，其分体式结构存在一些实用性不足的问题，尤其是后期的沼气渣不易清除，几年之后，会导致一些沼气池产气量明显降低，最终会因"休眠"而成为废池。

有没有更好的办法解决这个难题？经过长期观察、揣摩，叶荣喜发现，之所以沼气池产气量下降，沉淀大量沼渣，主要是传统分体式沼气池无法实现人工搅拌，原料物质分解不充分的缘故。

叶荣喜将水压间放在发酵池顶上，同时在沼气池周围设计五根管子直通池底，利用产气用气水位变化运动的原理，靠内外水压的动力解决池底沼渣搅拌问题。

华中农业大学教授张衍林实地诊断这项技术之后，认为这种方法简便可行，又从专业技术角度，手把手指导他完善一些细节。

据业内专家介绍，"一体化自动回流搅拌池型和工艺"与"户用放大""隧道式"两种沼型相比更加实用，产气效率提高 20%，实现 10 年不用人工清渣，沼气池使用效益提高 1 倍以上。

趁热打铁。当时，蕲春全县有 15 个沼气建设项目村，很多人对沼气并不了解，叶荣喜与县农函大老师蔡传新、舒明照两位沼气专家一起，租车请项目村的干部、群众到他家参观，现场讲解，当面培训，吸引了很多群众好奇的目光。

抱着保本的心态做事，却一直做着亏本的买卖，这是叶荣喜多年从事农村沼气新能源技术推广面临的困难。

沼气建设过程中，建筑小工难找，沼气模具强度不够且寿命较短等现实问题，时刻困扰着叶荣喜。

凭着多年在建筑行业摸爬滚打积累的经验，他一方面成立专班，从挖池、买沙石水泥到浇灌、粉刷、安装，分成几个专班轮作。另一方面，他请人研制高强度耐用的户用沼气池钢制模具，既为施工解了忧愁，又加快了施工进度，提升了质量。

10 年来，叶荣喜的足迹不仅踏遍了蕲春的山山水水，鄂东地区的黄石、阳新、大冶、团风、红安、浠水及河南等地也有他承接的沼气工程，蕲春境内过半数乡镇沼气项目都有他的身影。

2010 年，叶荣喜发起组建荣欢农村能源专业合作社，获得湖北省农村能源行业协会的"能源环保建设工程"甲级资质。合作社发展沼气用户 1 万多户，成为名副其实的"沼气土专家"。

村民眼中的叶荣喜"脑瓜子灵活"，还体现在他善于捕捉各类有价值的信息，且迅速转型推广。

在省农函大一次沼气技术培训会上，叶荣喜得知一个重要信息：

随着养殖方式的转变,农村家禽、畜牧业规模化养殖会是未来趋势。这意味着农村沼气格局也会跟着发生变化,过去那种单家独户兴建沼气池的用户会逐步减少,而中小型沼气池会成为今后的主流。

富有想象力的叶荣喜萌发了创新念头,开始尝试制作小型沼气工程钢制模具,迎接即将到来的市场之需。

没有任何参照,也没有成功先例。将传统户用9个立方传统模具扩大到300~600个立方连排模式沼气池,涉及绘图、测量、选材、焊接等多个环节。

这对于只有初中学历、连容积都不知怎么计算的叶荣喜来说,是一个巨大挑战。

叶荣喜的沼气池

他买回大量书籍,日夜苦苦钻研,对照户用沼气9个立方的模具和资料、图片,将放大后的容积、直径、弧度、抗压力等各种指标弄得一清二楚,经过上百次的反复实验,耗费10多万元,终于成功制作出标准的 300 立方米和 600 立方米的钢模具。

别人用砖模建设小型沼气工程,费时费力费资金,而他用模具现浇现灌,节省施工期近 1 个月,节省用工 20 多个,沼气池占地面积节省近一半,模具成本也节省 2 万多元,钢模具使用寿命超过外地 10 倍以上。改善当地的环境,达到零排放零污染。

2010 年,中小型沼气工程在湖北开始大面积推广,一时间,鄂州、罗田、红安等周边县市的沼气钢制模具订单纷纷而至,叶荣喜制作的钢模成功抢占了市场先机。

叶荣喜只要有空,就喜欢到附近的湾村转一转,逐家逐户去看沼气实际使用效果,听听用户的意见。

沼气作为一种清洁能源,不仅能变废为宝,而且能有效解决农村环境保护问题。

叶荣喜与合作社成员一起,对自家 6 栋猪舍进行立体化种养改造,猪栏顶棚种南竹草喂猪又隔热,同时也种上了葡萄等作物。建起 5 个 300 立方米的连排沼气池,形成五级发酵阶梯格局,饲养场内年出栏生猪达到两千头,几乎闻不到猪粪臭味,得到省市县的相关部门认可。

沼气、沼渣、沼液全部综合利用。沼气池改造运行以来,生猪养殖场内基本实现猪粪自动入池。发酵,五级发酵后的沼渣回收用于饲养生猪,沼液用于药材基地种植,沼气供应周边 3 公里范围内的 200 余户居民日常用气。

为推广农村清洁能源,他率先在全省创办"荣欢农村能源专业合作社"科普网站,介绍农村能源普及知识、用法、用具、施工案例等常用知识。

叶荣喜研制的"无动力自搅拌破壳厌氧发酵装置"荣获国家专利

这些年来，叶荣喜的成果也得到了相关部门的肯定，他在发展沼气研究过程中研制的"无动力自搅拌破壳厌氧发酵装置"，获国家知识产权局颁发的实用新型专利证书，该项技术使沼气产气率提高30%，解决了沼渣不易清除的困扰。早在2010年，他就获得了中国农函大、省农函大优秀教师称号。省农函大陈玫妮校长率队到彭思方港村看望他夫妇二人，并与他交谈，鼓励他在节能减排、环境保护、发展可再生能源等方面积极探索、大胆创新，为农村新型能源使用开辟更多新的途径。

叶荣喜认为，这些荣誉也离不开县科协和能源办的关心和支持，更离不开省农函大对他的鼓励。他表示，为大力普及农村新能源节能减排，积极发展适合农村生产、生活的清洁能源，他将继续改良创新沼气技术。

科学养猪的"领头雁"

——记省农函大通城分校学员、
通城县富康养猪专业合作社理事长付召武

付召武,男,现年46岁。1991年毕业于华中农业大学畜牧专业的他,积极响应通城县政府大力发展生猪养殖的号召,毅然返乡,从事科普惠农事业。他积极推动成立了"通城县富康养猪专业合作社"和"通城县生态养猪协会"。经付召武的示范带动,通城、崇阳的500多户生猪养殖大户实现了标准化、集约化、规模化、生态化生猪生产。付召武还承担了沙堆镇石冲村沼气与环保、循环农业立体开发项目和通城"两头乌"猪的挖掘与开发利用项目的研究、推广和示范工作,为周边群众科学养猪致富起到了"领头雁"的作用。2010年,通城县生态养猪协会被评为"咸宁市先进农村专业技术协会"。2012年,付召武被中国科协评为"全国农村科普带头人"。

热心浇开科普花

付召武一直热心农村科普宣传、培训工作,经常深入田间、地头、猪舍,向农民传授种、养殖技术,被亲切地称为"付老师"。随着事业的发展,他把更多的精力投入农村科普事业中。

搭建平台,发展队伍,服务群众。付召武充分利用"通城县富康养猪专业合作社""通城县生态养猪协会"这些合作组织开展科普工作。协会和合作社广揽能工巧匠、土专家、土秀才,大力发展科普会员,组建了一支科普志愿者队伍,负责养殖技术指导、技术培训、提供销售信息服务。仅去年一年,通过合作社、协会组织的科技讲座就达15场次,推广新技术、新品种6项。付召武带领科普志愿者对养殖户全部生产过程实行跟踪服务。一是对养殖户在生猪养殖时的"清洁卫生、隔离消毒、通风保温、窝干食饱"等关键技术落实情况进行跟踪服务,及时解决农户在养殖中出现的一些难题。二是对资金困难的养殖户赊销仔猪、饲料款,减小其养猪的资金压力。2007年以来,累计赊销农户仔猪、饲料款3000多万元。三是按保护价回收肉猪,确保养殖户长期赢利。当市场价高于保护价,则按市场价收购,市场价低于保护价时,按保护价收购。2009年以来,对养殖户补贴市场价差款达400多万元,最大限度地替养殖户承担了市场风险,保护了农户养猪的积极性。四是提供融资服务。2009年,由于养猪的成本上涨,很多农户资金压力大,需要借款,付召武多次与信用社协调,并替农户的借贷担保,在沙堆信用社帮助农户共借贷资金190多万元用于发展生猪生产。五是满足养殖户发展的需求。2010年,付召武新建一个存栏母猪1600头、可年出栏仔猪4万头的母猪基地,为农户扩大养殖规模提供服务。

依托基地,发挥科普示范作用。付召武通过富康农牧有限公司这个科普示范基地,积极推广生猪标准化养殖生产技术。他挂牌成立了通城县沙堆镇富康科普服务中心,购置了电教设备和800余套科普书籍和光盘,建立了科普宣传栏和科学健康养殖档案,定期请省、市专家集中培训和现场咨询指导,并从省农函大通城分校、县畜牧局、农业局聘专家常住基地进行科技指导、科普宣传。三年来,共举办新技术、新品种应用等实用技术培训班60余期,开展科普知识宣传讲座20多场次,办科技专栏10多期,参与科技活动周、科普活动日、科技下乡等大型科普活动60多次,科普培训29000多人(次),累计向农户发放科学养猪技术手册、季节性单项技术资料和科普宣传资料7400多册(份),切实提高了农民的科技养猪水平。

举办生猪养殖技术培训班

通过科普示范基地的示范辐射,广大农户逐步掌握了依靠科技养猪的技能,生猪生产科技含量不断增加,促进了农民应用科技能力的提高和思想观念的转变,培养了一批生猪养殖的"土专家""土秀才",推动了生猪产业的发展。广大农户也尝到了科技带来的甜头,村民崇尚科学,尊重知识,自觉学科学、用科学蔚然成风。通过科普示范基地科普培训活动,有100多名青年农民分别取得了农业中专毕业证书和农民技术职称,同时培育科技示范户500户,形成了科普示范基地带示范户、示范户带农户的科普推广体系。

潜心引领致富路

作为通城县农村星火科技带头人、农村科技示范户,付召武深刻意识到身上的责任和重担。他说,一花独放不是春,万紫千红春满园,只有全镇、全县乃至更多的猪农都增收了、致富了,才是自己最大的愿望。

生猪养殖产业是通城县农民增产增收的支柱产业之一,付召武在农村长期生产实践中发现,该县生猪养殖品种大众化,管理技术、模式落后,很多散养农户和一些规模养猪场由于"三怕"(怕养猪出现死亡、怕养猪不长、怕猪价下跌)出现不敢养猪而空栏的状状。付召武为了解决养猪的"三怕"难题,从世界上以SPF育种最为著名的美国white shire hamroc公司中国分公司引进种猪,引进先进的科学养猪生产技术——福利养猪技术、多点式生产技术,并带领生猪养殖户实施"一扶六包"的生猪养殖模式。一扶,即扶持农户新建标准化猪舍、改老房屋为科学猪舍或者技术改造老猪舍,包括扶持科学选址、扶持标准化设计、扶持指导施工和监工、扶持提供科学改造方案。六包,即一包免费提供生猪的产前、产中和产后技术培训;二包批量的健康良种瘦肉型仔猪赊销供应;三包优质全价配合饲料全额赊销供给;四包疾病防治和死亡赔偿;五包最低保护价收购肉猪;六包农户每头猪赢利 100~300 元以上。

空怀舍

妊娠舍

产仔舍

猪舍内景

付召武对猪舍的地址选择、标准化的设计、仔猪选购、饲料喂养、日常管理、饲料原粮采购、肉猪销售等各个环节实施标准化管理,使原来实行传统生猪养殖的农户,从年出栏十多头的小规模扩大到年出栏200头以上。猪舍统一按"150模式"标准化建造,全部采用隔热保温材料、自动通风保温系统、自由采食、自动饮水系统等新技术,使猪舍做到冬暖夏凉,不仅有利于生猪的健壮生长,而且大大降低了养殖农户的劳动强度。他坚持"既要农民增收,又要保持生态"的原则,带头建设大型沼气池,走可持续发展之路。此举不仅美化、净化了生猪养殖环境,而且经过合理利用沼液、沼渣这一优质有机肥,促进了种、养殖业向立体、生态、有机、循环农业发展,增加了农民的综合经济收入,对全县规模化、生态化生猪养殖起到了很好的示范带动作用。2009年4月,付召武在县城开设了"田园乐菜篮子超市"。超市的运营,实现了科技示范户生产的生猪及无公害蔬菜与大市场的无缝对接,延长了生猪养殖产业链条,有效地解决了科技示范户种、养结合的农产品的销售难题,增加了生猪养殖的整体效益。

近几年来,实施"一扶六包"养殖新模式的生猪养殖大户已从2007年的37户发展到2011年涉及通城、崇阳县12个乡镇、40个村的500户。2011年共出栏生猪18000头,实现产值4000多万元,户均增收30000多元。不仅实现了养猪共同致富,而且大大提高了通城县生猪产业的档次和水平。

矢志不渝二十载,拨开一片艳阳天。付召武热心农村科普事业,引进推广新技术新品种,创新生猪养殖模式,在组织开展农村科普工作和依靠科技带领农民致富、提高农民科学素质和专业技能、促进社会主义新农村建设方面成绩显著,起到了模范带头作用,得到了各级领导的充分肯定和当地农民群众的广泛赞誉。

目前付召武所在的富康农牧公司已成为通城县生猪产业化生产经营龙头企业,成为猪农学技术、学管理、拓展市场的基地,成为通城县重要的科技培训、推广、宣传示范基地,被湖北省农业厅科教处定为"青农"阳光工程培训实践基地,被湖北省科协定为优质生猪品种改良示范基地和科普示范基地。2006年被湖北省农业厅和湖北省科协授予湖北省"农业科技创新五十强"企业,2008年被咸宁市组织部定为党员"双建双带"示范基地。罗清泉、赵斌等省领导先后到富康农牧调研工作,对付召武依靠科技带领农民养猪致富的"一扶六包"模式给予了充分肯定和高度赞扬。

成绩和荣誉没有让他停止前进的步伐。在谈起今后的打算时,付召武说:"我会以更饱满的热情,更积极的态度,创新科普服务形式,打造科普示范品牌,不断提高农民科学素质和专业技能,带动更多的农民科学养猪致富,更好地推进社会主义新农村建设。"

山民闯入大市场 土鸡变成金凤凰

——记省农函大通城分校学员、
通城县宏兴养鸡专业合作社理事长冯季平

现代化的设备、自动化的运作、标准化的养殖,这是走进通城县宏兴养鸡场的感受。

养鸡场负责人冯季平说,采用标准化工厂式养殖后,出栏鸡的质量、重量大大提高,他家的鸡除了供应本地外,还销往湖南平江、江西修水等地。

1999年,看到养鸡前景的冯季平,毅然辞去通城县饲料公司副经理职务,创办通城县五里镇宏兴养殖鸡厂,这一干就是15年。2009年,由冯季平牵头,联合8名养殖大户成立了通城县宏兴养鸡专业合作社。

合作社位于通城县五里镇五里社区新磨园林基地旁,共养殖蛋鸡8万羽,建有5个蛋鸡养殖分场,其中标准化示范场1个,合作社有成员8名,就业人数25人。2014年实现产值863万元,合作社采取"三统二分"(即统购、统销、统一技术服务,分开养殖、分开核算)的运作模式经营,经营项目有蛋鸡养殖、饲料加工、蛋品销售、良种推广与技术服务。

近几年来,养鸡业受市场不稳定、"禽流感"疫病威胁等因素影响,养殖效益低,甚至亏本经营。左右不了市场行情,冯季平就从自身发力挖掘潜能,一是搞好防疫实现安全养殖,二是加强管理降低生产成本,三是引进新品种、新技术,四是依托合作社开展科普宣传和培训。合作社80%以上为农民,他们勤劳肯干,有零星散养经历,但大多经济实力弱,起点低,科学养鸡知识不足,抗风险能力弱,规模养殖的技术水平低。为了做好科学养鸡示范,合作社成立了科普工作领导小组,由冯季平任组长,生产技术人员参与开展科普工作,制定了开展科普活动的规章制度和实施细则。

冯季平(左)

合作社充分利用宣传栏向社员及周边农户开展"动物防疫法""土鸡放养图示""蛋鸡标准化饲养管理指南""畜禽疾病彩色诊断图谱"等科普宣传,宣传栏专人专管,内容每两个月更新一次。合作社设有科普活动室一间,订有《人民日报》《咸宁日报》《养禽与禽病防治》《禽业导刊》等报纸杂志,购买了畜禽饲养管理疾病防治及其他文化书籍千余册,配备投影仪、电脑等设备供社员学习与开展活动用。合作社定期组织社员、科技示范户及周边农民参加农函大组织的专题培训学习,先后举办了"无公害农产品质量控制技术""禽病防治与养殖安全""养鸡机械化操作"等专题技术讲座。组织参加了多届中国畜牧业展览会、湖北省首届地方鸡发展大会。

2005年以来,合作社社员虽然养殖规模不断扩大,但从未出现过疫情,养鸡生产由过去的小规模分散养殖逐步实现了向集约化标准化规模生产的转型发展,在产品数量增加的同时,产品质量与品牌意识也得到了很大的提升。

除了室内养殖外,冯季平还尝试山地养鸡。山地鸡是典型的节粮型草食家禽,在放牧加饲养的条件下,生产1公斤蛋仅需1.5至2公斤饲料。合作社禽蛋产品2012年度注册了"天岳关"商标,2013年度通过了湖北省"无公害产地"和"无公害农产品"的鉴定。

心有多大,人生的舞台就有多大。冯季平并没有满足已取得的收获,组织合作社社员投资283.6万元,兴建了养殖规模达5万羽的集约化标准化养鸡场,建成标准化养鸡车间6栋,常年养殖蛋鸡4万多羽,年产值300多万元。在搞好养殖的同时,冯季平还建起一家饲料厂。除自用外,还供应合作社的社员。宏兴饲料直接供应本地农户1000余户,并通过产业链延伸,辐射带动三省三县5000多农户增收致富。2012年,合作社创办的示范基地被省农业厅评为"省级标准化示范场";2013年,通城县宏兴养鸡专业合作社被咸宁市政府评为市级"示范合作社"。

宏兴养鸡专业合作社成员学习自动喂料机操作技术

山民闯入大市场,土鸡变成金凤凰。谈及未来,冯季平说,肯定还有很多不可预知的困难,但是只要有一个勇于向前、勇于探索的信念,相信宏兴养鸡专业合作社会迎来更加美好的明天!

撂荒田里种出"金"

——记省农函大武穴分校学员、武穴市种粮专业大户兰永金

兰永金是一个地地道道的庄稼人,早年父亲去世,母亲靠种田辛辛苦苦把他们几个孩子拉扯大。多年前,他怀着改变庄稼人农业生产现状、依靠种田发家致富的梦想,报名参加省农函大武穴分校现代农业种植技术培训班学习。他热爱农业,熟知农业,钻研农业,逐渐发展成为武穴最大的种粮专业大户,在现代农业生产上取得了显著成绩,进入了湖北现代农业生产发展的领军行列。他先后被评为黄冈市"劳动模范"、武穴市"种田能手"。

盘活农田,开辟农村发展新天地

兰永金虽种过田、下过地,但他不是一个安于现状、守着一亩三分地的保守农民,用他自己的话说,"要做一个现代农民"。他于1992年就出来打工,帮助他兄弟打理农资经营业务。在与农民接触中,了解到农村缺劳缺智,农业生产效率不高,农资经营竞争激烈。于是,从2004年起,他开始承包农民不种的田地,发展农业生产,积累了搞规模生产的经验。2010年,年届中年的兰永金,抓住国家政策和农业生产趋势变化的有利时机,联合6个股东筹资400万元组建了"绿康再生稻产销专业合作社",大胆承包农田,

搞起了现代农业规模化种植。他将梅川、余川、花桥三个乡镇800多户农民手中的荒田、低产田、缺劳田共4000余亩土地流转到自己组建的合作社。目前他以土地流转、社员入股和订单农业的方式发展种植面积达到6000余亩,主要种植水稻和其他农作物,既有早稻、晚稻、再生稻,又有油菜、小麦,也有当地土特产——山药。整个合作社由5个片区的水稻、1个片区的山药、1个农机服务队、1个农资服务队、1个销售服务队等9个片区组成。农民把自己的田地转包给合作社,就脱离了这些地块的生产经营,没有土地的"羁绊",他们可以安心地外出务工。合作社流转收来了农民的田地后,可以统一经营管理,统一播种、打药和施肥,并由合作社雇佣的管理人员统一经营、收割、收购和销售。由此,绿康再生稻合作社作为一个较大的生产集团,在生产过程中可以真正进行机械化操作,实现集约化经营和规模生产。

兰永金

随着绿康再生稻产销专业合作社的不断发展和壮大,为了适应农业生产的需要,兰永金先后投入资金150多万元,购置了现代化农业设备插秧机2台、拖拉机2台、收割机3台、泥船2台、灌溉等农机具12台套、育秧工厂大棚9座,组建成立了农机合作社、山药合作社2个专业合作社。

这些合作社在他的运作下,不仅承担服务自己各个片区的生产功能,还最大限度地为当地普通农民提供便利服务,让农民朋友们搭上顺风车,轻松种好田。当一些农户看到兰永金的现代化农业产生了效益,便纷纷以土地入股的形式加入合作社行列中,他从不拒之门外。他的合作社已发展到有400多户社员的规模。

目前,兰永金以合作社为组织,以科研单位和农函大为技术依托,在合作社办公大楼建成农函大教学点,在不同季节、不同环节,邀请农函大讲师团成员为社员讲授现代农业实用技术,稳步推进农业种粮育秧工厂化、生产机械化、技术标准化流程化、产供销一体化发展,努力打造湖北省农业产业化龙头企业。

钻研农业,探索科学种植新技术

兰永金一改过去传统单一的种植模式,将流转过来的农田由原来农民只种一季稻改为种双季稻和中稻再生,双季稻达30%以上,中稻再生达50%以上,提高了土地复种指数,增加了粮食产量。同时,他彻底改变了冬闲田浪费的现象,在冬季全部种上了油菜和小麦,消灭了冬闲田一片荒的景象,提高了土地产出率。2014年,兰永金土地复种面积达12000亩,水稻产量达1100万余斤,油菜籽产量达80万余斤,小麦产量达160多万斤,年产值达到

1900多万元,带动农民增收1200多万元,为社会创造了不可低估的效益。

在市农业局和有关政府部门的支持下,在武穴农函大分校教师的精心指导下,他通过农业技术组装和试验攻关,示范推广了稻稻油、薯稻油"三免三抛"、油稻再生以及油菜棉林套栽套播等多种粮油增产模式,取得了明显成效。经试验攻关,稻稻油"三免三抛"模式,实现油菜亩产212.6公斤,双季稻亩产1120.8公斤,亩效益超过3000元;油稻再生稻和薯稻再生稻模式,实行稻田两季种植、三季收成,实现早熟油菜平均亩产143.8公斤、马铃薯平均亩产1982.5公斤,亩产值突破5000元;油棉套种模式,套栽套播油菜亩产分别为213.3公斤和208.6公斤;油稻全程机械化模式油菜亩平214.3公斤。他推广的粮油种植模式增产增效得到了省农业部门的高度评价,吸引了全国各地500多名农业专家、技术人员前来考察学习。他的农田和试验田先后承担了国家科技入户、新型农民科技培训、农业大学生实习实训、农业部粮油高产创建、优质粮油板块基地建设等项目。今年3月,他被省农业厅选定为湖北省新型农民创业领军人物重点培养对象选派到宜昌免费学习半个月。

兰永金大胆创新,踊跃探索,投资50多万元大面积实施工厂化育秧,常年早晚稻育秧4万余盘,今年早稻已育秧6万余盘,晚稻计划5万余盘,除了自用外,还为农户提供了2万~3万盘。他继续拿出专款与省农科院市农业局专家们紧密合作,探索"两种三收"(油菜—中稻再生;马铃薯—中稻再生)高产高效模式。今年,兰永金正在筹措资金240万元,与华中农业大学进行技术合作,建立现代标准化高档优质再生水稻高产高效栽培技术示范基地1200亩,为高产、高效益的栽培模式普及探出新路子。

兰永金推广使用先进的机械播种技术

帮助农民,带领父老乡亲共致富

兰永金个人致富不忘本,他带领父老乡亲走共同致富之路。他以每亩300元的高价将外出务工农民的农田流转过来,为500多户农民年增收入150多万元。产量上来了,兰永金就开始让粮食提高附加值,增加竞争力,走上了生产、加工一体化道路,叫响自己的品牌。他积极与当地粮食加工企业合作,将生产的再生稻加工成优质大米,已注册"一尖香""禄寿康"两个大米品牌。因再生的秧荪稻(又名再生米、谷儿米)几乎不用肥,不用药,为天然生态米,所以尽管米价高,产品仍供不应求。2013年底"一尖香"生态秧苏米正式上市,在武穴以及武汉60多家大小超市销售,单价最高达7.8元/斤,3个月已销售10万多斤;2014年天然生态米销量达到100万斤,销售额达到700多万元,增加附加值500余万元。天然生态提高了武穴市大米市场档次,丰富了老百姓的餐桌。这一举动也带动了当地农民种植再生稻的积极性,2014年他免费送给农民天然生态米的水稻良种5000多斤,免费进行种植技术指导,带动了农民靠科技种田致富,每年都多赚了好几千块钱。

事业做大了,收入增多了,扶贫助困的爱心意识也增强了。他每年吸纳当地100多名农民到合作社务工,收入不低于外出打工。他关爱困难农民,帮助机械整田免费或优惠,常常免费为农民送肥送物,为孤寡老人送米送钱送温暖。近几年他爱心捐款超过8万余元。

身为土生土长的农民,兰永金一心为家乡父老创新生产模式,扩大种植面积,为服务农业发展、服务农民增收发挥了光和热。

"农函大助我走上科技致富路"

——记省农函大鹤峰分校学员、
鹤峰县铁炉白族乡科技致富带头人向彩兰

在鹤峰县铁炉白族乡,提起大棚蔬菜种植户向彩兰,那是无人不知,无人不晓。通过参加农函大的学习和培训,向彩兰从一个普通的农村妇女变成有着丰富现代农业知识的"领头雁",率先尝试蔬菜大棚种植并获得成功,成了远近闻名的致富能人。在村里,不少留守妇女和老人在她的悉心指导下,运用现代科技知识种植蔬菜,不仅重新焕发光彩、找到了实现自身价值的新途径,更使该村的社会风气为之一新,村民在生活富足的同时,一改往日无所事事的状态,掀起了学习农业科技知识的高潮。

她的事迹得到了广大乡亲的盛赞,入围"2014年度最美鹤峰人"候选人。

精心照料老人,肩负家庭责任

向彩兰与谷忠永结婚12年来,一直未曾外出打工。看到别人打工挣钱建起了小洋房,日子过得挺舒坦,她很羡慕,也想出去挣钱。但是为了照顾那个特殊的家庭,赡养老人和抚养孩子,不让孩子成为"留守儿童",不让父母成为"空巢老人",她安心地留守在家,用她柔弱的双肩担起家庭责任,撑起一个六口之家。

丈夫在外打工，也没找到好门路，有时连路费都挣不到。向彩兰一个人在家，既要带小孩又要照顾生病的老人。公公偏瘫八年，为了给老人家治病，她到处借钱，借了东家奔西家，单为借钱她都哭过好多回，有时挨门挨户地去借，连100元都难借到手，别人担心她还不起。家里又没什么值钱的东西变卖，仅有的一头耕牛就1500元也给卖了，公公病重期间，屎尿失禁，在接屎端尿、换洗衣裤被单、臭气熏得作呕的时候，她也偷偷地哭过。但她始终是耐烦地、精心地、细致地伺候老人，直到老人前年含笑去世。公公生前说得最多的一句话就是"病生绝了，难为了我的好儿媳"。

向彩兰

婆婆患有淋巴结核病，又是高血压、脑梗塞，还诊断出有肺癌初期症状。2014年8月2日，婆婆突发脑梗塞，倒地休克，彩兰便赶紧按照平时从网上学到的急救方法进行人工抢救，随后，使尽力气把老人抱上麻木车,赶往铁炉乡医院。因病情十分严重,立即转送至鹤峰县医院。住院抢救治疗,她一直陪在老人身旁,精心照料,细心伺候,背老人上厕所,给老人洗头、擦身、喂饭……出院后,她时常担心婆婆的身体,对老人总是笑脸相迎,绝对做到不惹老人生气、怄气,让老人觉得有个开心、快乐的家,让老人没有任何精神上的压力。这样一来,老人的身体逐渐有了好转,现在基本上能做家务了。九年来,向彩兰一直被乡妇联评为"好媳妇"。

学好实用技术,服务一方村民

向彩兰面对这个贫困的家庭,公公婆婆都患病,三天两头不是吃药就是住院打针,孩子又小还要上学,要钱用。她想和丈夫一起出远门去打工挣钱又脱不开身,守在家里没钱用。靠丈夫在外打工挣得几个钱支撑这个家,简直就是杯水车薪,怎么办?

2012年,向彩兰跟丈夫商量,让丈夫不出门了,在家想门路搞发展,找亲戚朋友借了5万多元,投资搞了几亩地的大棚蔬菜种植。一开始,只搞了2个大棚做试验,而后增加到6个蔬菜种植大棚(约3亩多)。2013年秋天,刚把冬季的菜种好,她又不慎摔断了左手。住院穿钢针,家里缺人手,蔬菜管理不到位,加上下了一场大雪,压坏了3个大棚,初建的大棚没有经过专业人员指导,结构不好,一下就损失了几万元。

看到大棚的垮塌,向彩兰是心灰意冷,伤心欲绝,甚至有放弃大棚种植的想法。这时,铁炉白族乡组织开展农函大培训,她于是参加农函大实用技术培训班,并将所学到的新技术运用到农业生产中去。通过学习,向彩兰终于明白之前大棚为什么会垮塌,并按照科学的结构重新进行了设计。为了搞好蔬菜种植,她特别留意农函大有关大棚种植的专家讲座,学习之余在网上搜集相关资料加以研究。通过接受现代化的农业科技知识,她深知传统蔬菜种植方面存在的问题和不足,并在实践中有针对性地改进。通过不断探索和钻研,她家的蔬菜收成较往年提高了20%以上,这使她深深体会到了科技知识在农业生产中的重要性。参加农函大技术的学习,改变了她的人生,她下定决心要好好利用农函大这个学习的平台,学习更多的科技知识,并将知识传授给广大的乡亲们。近年来,在农函大铁炉分校、铁炉白族乡科协的支持下,她成功种植了反季节蔬菜。为确保村民用药、施肥合理到位,她不顾酷暑严寒,奔波于田间地头,积极指导村民正确及时进行病虫害的防治,科学进行田间及果园的管理,当好科协、农技部门的"二传手",一心一意为农民服务。在为农服务中,她深深感到农民朋友对农业科技的需求,发动60多位农村青年参加农函大的学习,受到广大农户的一致好评。

探索品牌建设,做强一项产业

通过农函大的学习,向彩兰深知扩大规模、树立品牌的重要性。只有达到一定规模,树立自己的品牌,才有可能把事业做大做好。通过专家介绍,向彩兰采用土地流转的方式,将农户闲置的土地充分利用起来,扩大种植规模,让山旮旯里的人经常都能吃上既便宜又新鲜的无公害蔬菜。由于农户的经营分散、规模小、信息不灵、缺乏科学的管理技术,生产上往往存在盲目性,生产成本居高不下,果蔬产后销售没有打造品牌,并存在无序竞争,果蔬产品优质但卖不出高价,菜农即使增产也得不到增收。

为改变这一现状,切实帮助菜农提高经济收入,向彩兰积极申报注册商标,并计划成立蔬菜专业合作社,通过企业带动,来增强菜农的市场抗风险能力,将本地生产的反季节蔬菜供应上本地的餐桌,带动了菜农的积极性。

向彩兰的大棚蔬菜

多年来,向彩兰建立起和谐的邻里关系,只要哪家有事用得着她,她总是乐意地去帮助。当她在种植大棚遇到困难或陪老人住院的时候,也得到了邻里们的帮助,大家自发相邀帮她管大棚、施肥、收菜……

向彩兰积极推行农业标准化生产,优化山区农业产业结构,依靠科技发展现代农业,致力于发展新型农村经济合作组织,带领农民闯市场增收入,发挥了中坚力量,为社会主义新农村建设做出了积极的贡献。用她的勤劳和智慧书写着人生精彩的故事!

向彩兰常说:"农函大助我走上科技致富路。"

发展林业见成效 生态美景入画来

——记省农函大鹤峰分校学员、
鹤峰县五里乡林海专业合作社刘文凯

刘文凯,鹤峰县五里乡柏榔村人,于2010年成立了五里乡林海专业合作社。历经3年发展,从最初只有8名社员到2014年增加到109人。同时还创建了林源林业有限责任公司,注册资金175万元。合作社主要以造林、育苗、绿化和种子种苗销售为主,年销售收入1000多万元。从当初的单一造林育苗到目前林下种烟、种药材以及林下养殖,刘文凯摸索出了一条"以短养长、以短促长"的路子。

刘文凯

自我提升,走科技致富之路

10年前,刘文凯代电管所入户收电费,没有接触过农业科技,只是靠原始的种植,每年家里种上3亩烤烟,总收入近3万元。全家老小支出不够,他又不愿意出外务工,没有其他的收入来源,日子过得有些寒酸。

为了改变生活窘况,刘文凯不得不思考新的致富门路。2005年一次偶然的机会,有幸参加了县农函大农业技术培训,这是他第一次与农业科技结缘。对他来说,这是一次提高自身农业科技素质的机遇,也是一个很好的探索致富方向的机会。随着农业技术知识的增长,致富的想法也多了起来。2006年2月,一次偶然在电视里看到介绍别人承包荒坡植树造林的事迹后,让他产生了要在一块属于自己的土地上搞绿化工作的念头。

思想决定行动,刘文凯在农户收电费时就对哪里有荒山有所留意。功夫不负有心人,2006年4月,他发现离村十分偏远、又无交通且与五峰交界之地有村集体的两块荒山闲置在那里,决定将此征用过来搞自己的林业发展,于是向村委会提出了承包的要求,乡、村两级领导大力支持,签订了7000亩荒山承包合同。

在乡政府、林业部门的重视支持下,在农函大技术指导下,加之几次林业种植技术的培训和购买书籍自学,通过几年打拼,刘文凯终于建成厚朴基地5000多亩,核桃基地2000余亩。在交通、土管部门的支持下,投资80余万元,修通了至林区基地的公路。在电力部门的支持下,投资120万元,接通了林区的供电。投资110万元,在林区建起了职工住房和物资储存仓库,完成800亩箬叶"野转家"改造项目,培植林木种苗 300 亩。

为节约用地、提高种植水平,刘文凯通过对树种生长环境的考察实验和林农套种的研究,采用林下种植方法。2007 年,发展林下中药材以及林下烟叶种植达到 2100 多亩,带动本村及周边农户 300 多户。其中,附加值较高的林下中药材"七叶一枝花"和"湖北贝母"是投入比重大的项目,从而使长短期效益有机地结合起来,使林业产业发展走上了一个良性循环的道路。2010 年,刘文凯成立了五里乡林海专业合作社,同时还创建了林源林业有限责任公司。

刘文凯经常说,自己之所以有林业种植的想法和现如今的成就都是因为农函大,十分感谢农函大鹤峰县分校的培训班,是它让自己拥有丰富的农业科技素质,也感谢农函大技术人员的技术指导,让自己拥有了数千亩的林业种植面积,让自己真正的走上了脱贫致富的道路。

创新思路,寻立体栽培之道

刘文凯打破了单一造林育苗传统做法,尝到农林立体栽培的甜头。林下种植是一种很好的模式,一方面适应了作物的生长条件,另一方面节约了土地,有很好的绿化效果和观赏价值,还得到了可观的经济效益。

刘文凯是一个有长远发展眼光的人,思想活跃,刻苦钻研,敢于突破,他决定还要拓展项目、创新思路,继续将自己的产业做强做大,于是提出了一个大胆的尝试:将自己改良的"野转家"箬叶和厚朴套种,进行立体栽培。

刘文凯发展林下种植

箬叶植被矮小，喜阴，适合林下生长，是名贵的绿色出口产品，其发展成本低、价值高、收益好；厚朴树是一种高大的落叶乔木珍贵树种，厚朴树树皮较厚，厚朴树还有很高的药用价值。厚朴树常混生于落叶阔叶林内，或生于常绿阔叶林缘。依据各自的生长条件，两种植物能够很好地搭配套种、立体栽培。

2008年，刘文凯便规划了近50亩空地作为箬叶—厚朴立体栽培实验地，他很看重自己的这一创新，也很看好将来的发展前景。他满心喜悦，艰苦劳作于林间。2013年发展规模达到300亩，形势大好，在当时远近闻名，曾获得了国家林业局"鄂西植被恢复箬叶立体栽培示范基地称号"，以五里箬叶立体栽培为主要内容的电视专题节目《满山箬叶变成钱》在中央电视台第七套节目《致富经》栏目播出。目前，三分之一的人工栽培箬叶已开始收益，每亩可为提供现金收入2000元。厚朴叶、林木苗木、林下烟叶、林下药材等销售年收入达到 578 万元，预计三年后可获收入 1500 万元。林海专业合作社在 2011 年荣获全县十佳专业合作社，2013 年获湖北省林业厅评审的省级"林业示范社"、恩施州"林业产业龙头企业"称号。

近几年，由于刘文凯的林业事业得到了长足发展，林农对林业也有了一个全新的认识，社会各界更加关注林业。去年，该村按照秋冬季农业综合开发要求，以建基地、办试点为重点，着力抓好箬叶立体栽培。为确保实效，真正达到保护生态、助农致富的目标，村"两委"对 14 户低保户实行统一安排，落实箬叶厚朴套植面积 130 亩，对当地实施了 400 亩箬叶厚朴套植连片。2014 年该村的许多荒山林地清理已完成 400 亩，12 月底开始挖窝实施箬竹、厚朴移栽。目前，成活率达到 90%左右，长势良好。

刘文凯是一个普通农民的儿子，也是一名共产党员。共产党员的奉献精神、开拓精神，已深深植根于他的心中。他艰苦创业，成为依靠科技致富、人见人夸的能人；他富不忘本，带动更多的村民发家致富，增加经济收入，过上好日子。

随着人们生活水平的不断提高，林产品的更新换代速度也会越来越快，林产品的消耗在相当长一段时间内都不会成正比。站在鹤峰县城，放眼两百公里内，除了大山还是大山，是大自然也是老祖先留下的唯一宝贵财富资源。在新一轮土地改革之后，尤其是在国家的正确指引和大力支持下，相信在刘文凯的示范带动下，会有更多的人合理利用"山"资源，着眼于生态林业、旅游林业、宜居林业等林业资源附加值的深度开发，武陵山区林业企业和林农的步子会更加坚实，事业会更有活力。

优秀青年返乡创业 扎根故土服务农村

——记省农函大谷城分校学员、
谷城县石花镇小坦山村团支部书记江婷

今年初,团省委公布全省乡村好青年名单,谷城县石花镇小坦山村团支部书记江婷入选湖北省"乡村创富好青年"。

江婷,谷城县石花镇小坦山人,大学毕业后曾赴广东打工,2010年返乡进入小坦山村委会工作,2011年7月加入中国共产党,9月进入村两委班子,现任小坦山村委会委员、村现代远程教育站点负责人。江婷回乡后,带领村里青年创业致富,种植经营苗木花卉,小坦山村被团省委授予"全省农民专业合作社青年示范社"。从白领到远近闻名的农村青年致富榜样,她认真、扎实的工作作风和敢闯敢干的进取精神,给全村群众留下了深刻的印象。

尽心尽孝回家乡

2006年,江婷来到广州东莞打工,凭借着扎实的知识储备、积极认真的态度和乐观豁达的性格,很快在公司里做出了成绩,被公司任命为部门主管,并被许以高薪。2010年,28岁的江婷已经拥有了一个幸福的小家庭和一份待遇优厚的工作。也就是在这一年,江婷决定回到家乡石花镇小坦山村,因为她要照顾日益年迈的公公婆婆。她说:"在外面,小家庭过日子当然很轻松,但是家中老人年纪越来越大，我们当晚辈的每年仅仅逢年过节回去看望一下、留点儿钱，是绝对不管用的。他们把我们养到这么大，现在该是我们回报他们的时候了。"

回到家乡的江婷，抱着为家乡做点小贡献的热情，积极参与村两委的各项事务中，从最简单的上传下达、端茶倒水做起，以对任何事情都是认真的态度、扎实的工作作风和敢闯敢干的进取精神，得到了村两委的一致好评，也在全村群众中树立了不错的口碑。

2011 年 9 月，村换届选举，江婷进入小坦山村委会，成为两委班子成员。因为江婷出了名的"犟脾气、好较真"，全村各项工程建设的进程都交由她全程监管。工程的各项用材、出工情况、建设进度、工程建设是否严格按照标准进行等事宜，都由她参与确认。每次见到江婷时，她的桌子上总是堆放着各种材料和表格，电脑上总是有正在总结的材料。她常常笑着说："事情总是做不完的，但是事情总是要人做的，人怕干活儿，活儿怕人干。"

江 婷

扎根故土求发展

石花镇小坦山村被誉为"鄂西北苗木花卉第一村"，这里有80%的农户从事苗木花卉产业。

在回到家乡后的一段时间里，江婷看准了村里的苗木花卉产业良好的发展前景，在家人的支持下，她在工作之余也开始开创自己的苗木花卉种植事业。

江婷说："当时刚接触这个行业时，也受了很多罪，苗木都不认识，比如像这个红花檵木、杜鹃啊，压根儿都不认得，只好到处讨教。"

不服输的江婷凭着一股韧劲，从头学起，边学边干。通过农函大远程教育平台，认真学习苗木花卉知识。通过几年的学习，她已掌握各类苗木花卉知识。同时，背着各种苗木花卉的树叶样本去湖南和浙江等全国大型苗木花卉市场，找产品、摸行情，凭着年轻人的冲劲和一手拿鼠标、一手拿锄头的扎实干劲儿，硬着头皮闯到如今，发展基地20余亩。

然而，创业的过程并不像想象中的顺利。江婷说："我记得第一次接了一批对我来说比较大一点的单，有20来万的业务，在南漳那种了150棵桂花，结果死了110棵，只成活了近40棵的样子，当时亏了有四五万元钱，那时才刚刚起步，四五万对我们来说，可是两三年的积蓄啊，非常心疼的。曾经因为这个事，觉得这个行业难做。"

性格泼辣的江婷没有因为这次的失败而气馁，她查找苗木花卉资料，向有经验的同行学习，下地试验实践，逐渐从一名生手成为行家。就是凭着这股坚韧不拔的意志和吃苦耐劳的精神，江婷在自己的创业路上走出了一条通向光明未来的康庄大道。

如今江婷的苗木花卉产业年营业额在百万以上。团中央书记处书记罗梅到小坦山村调研基层组织团建工作时，对江婷给予高度评价，希望她扎根基层，带领更多的农村青年实现"创业梦、致富梦"。

富了不忘家乡人

江婷在自己通过苗木花卉产业的发展，尝到甜头后，没有独享成果，而是想起家乡的广大青年朋友。

2011年7月，江婷被选为小坦山村团支部书记，她在村里创建了"青年创业基地"，从资金、技术、营销、信息等方面带动本村青年参与苗木花卉种植产业中来。

在看到全村苗木花卉组团发展的优势前景后，江婷在苗木花卉产业服务小组基础上成立了苗木花卉专业合作社和协会，并将自家的部分苗圃地和邻近几家的苗圃地联合起来，经过她多方联系和争取，在小坦山村创建了一块"科普示范基地"，大力开展活动，全面推进农村青年创业；同时，充分发挥协会、合作社组织网络广、有活力的优势，组织社会力量从资金扶持、技术培训、网络营销、信息传递等方面进行支撑，大力推进本村青年创产业、创事业；带动小坦山村孙大伟、朱群、李静、郑汉森等一批优秀人才参与苗木花卉种植产业中来。后续她还计划争取每年带动一批青年成为产业大户，每年推出一批创业典范，继续扩大创业基地的影响力、号召力和凝聚力。

不断开创新局面

江婷始终牢记全心全意为人民服务的根本宗旨,身为村委会委员,她深感责任重大。为了使自己的思想观念和业务政策水平更好地适应形势发展的需要,她下决心为自己"充电"。她在紧张的工作之余,除了搞好花花草草业务外,还不断地通过农函大渠道给自己充电学习,孜孜不倦的追求,使她视野不断开阔,知识面不断拓宽,思想观念不断更新,干起工作更加得心应手。她组建了由40余名优秀人才组成的科普志愿者队伍,开展形式多样、内容丰富的科技服务活动,开创了坦山村农业科技工作新局面,使科技成为推动农村产业的强大动力。

2014年以来,江婷先后获得全省"乡村创富好青年"、谷城县第三届"十大杰出青年""谷城县科技示范户"等光荣称号。

牵着山羊奔小康

——记省农函大枝江分校学员、
枝江市佳鸿黑山羊养殖专业合作社许家良

带着成群的黑山羊奔上了小康之路。今日的安福寺镇金狮湖村,倍受社会瞩目。

2013年11月,在省农业厅领导和省畜牧系统专家的带领下,来自纳米比亚的客商一行来到枝江市安福寺镇金狮湖村,考察刚刚挂牌成立一年零五个月的"枝江市佳鸿黑山羊养殖专业合作社"。来访领导、专家及非洲的客人们看到该合作社生态环境优美、养殖模式先进,政府扶持畜牧业的政策到位、措施得力后惊讶不已,大加赞许。

许家良

枝江市佳鸿黑山羊养殖专业合作社是安福寺镇金狮湖村现年42岁的农民许家良领衔创办的，合伙人是十堰市竹山县官渡村现年38岁的农民柯昌红。柯昌红在老家十堰曾经搞过很长一段时间的矿山开发，在家养过猪。2000年后，他感到搞矿业风险大，养猪效益不佳，便举家迁到了安福寺，一次偶然的机会结识了许家良，交往中，他们从家庭、生活，直到农村、社会谈得十分投缘，成了挚交。

许家良是个有理想有抱负的人，也是个十分勤劳的人。他中学毕业后便回家务农，帮父母操持几亩薄田，还参加了农函大的学习。为了增加家庭收入，每年的10至12月，他就帮助镇罐头厂剥橘子。三年中他靠剥橘子攒下了20多万元。他准备用这笔资金来发展事业，实现梦想。

怎么才能发展、奔向致富路？他一遍一遍在网上搜索信息。在考察了解市场的时候，他发现最近几年羊肉的价格节节攀升。他把自己的想法告诉给了柯昌红，"养羊有利可图"。柯昌红听后，十分感兴趣，满口答应与他合伙。

在网上搜索的过程中，他们发现陈毅元帅的故里、四川资阳有个姓朱的养羊大户，在全国很有名气。2012年2月，许家良、柯昌红慕名前往考察，并通过查找相关资料进一步验证了黑山羊的特性。它是努比亚羊的一个杂交新品种，具有生长速度快、羊肉品质佳、产肉率高的优势。上年的一只黑山羊羔，下年就可长到90斤左右，且宰杀出肉率均在60%以上。这种种群原产于非洲东北部以及埃及、苏丹、英美等地，品质大大优于本地山羊。

许家良、柯昌红从四川回枝江一周后，便急忙再次折返资阳，正式向朱老板求教。朱总见他们真心求教,就毫不保留地将自己从养羊实践中摸索的一整套经验,一五一十地传授给了两个有志青年。

2012年6月,他们花近30万元,从四川购回100只种羊。没有场地,就圈在柯昌红家的后院。这年底,在镇、村二级的支持下,他们从银行贷款75万元,另找亲朋好友借贷,共筹集到资金1500多万元。随后他们以每亩300至800元的价格向当地农民流转土地28亩,建起4栋5000多平方米的养殖场,引进基础母羊512只,公羊22只,他们按照1:25的配种比例,饲养配种,到第二年3月,除他们留的种群外,还出售种羊和商品羊200多只,一次收获近30万元。

许家良的黑山羊

　　许家良养羊成功的消息不胫而走,长阳、兴山、仙桃等地的农民纷至沓来,购种学习。面对来势迅猛的养羊潮,他进一步增强了做大羊产业的信心。

　　今年许家良又向 17 个农户流转土地 120 亩, 建立了青饲料种植基地,制订了一套可行的饲养体系和管理制度。目前,他们的合作社总部,以月薪 2300 元加免费午餐的待遇,聘请了 4 个专职饲养员。许家良负责全盘,兼管市场营销,柯昌红分管技术、防疫。

　　鉴于他们的业绩,2013 年, 宜昌市畜牧局授予枝江市佳鸿黑山羊养殖专业合作社"绿色生态养殖基地"称号。

　　谈及今后的发展之路,许家良十分坚定地说,要在五年内,把合作社的成员发展到 50 户,使养殖产业产值达到 500 万元以上,从而让更多的乡亲带着山羊奔上小康之路。

丢了"铁饭碗" 捧起"金饭碗"

——记省农函大枝江分校学员、
枝江市长江土著鱼类产销协会会长杜其松

初夏时节,枝江大地,晴空万里,风和日丽。笔者慕名来到了位于枝江市城郊的一处养殖场,场门前停放着不少摩托车和宜昌、当阳等外地牌照的小汽车。走到屋后的养殖场,数十人争先恐后拿着薄膜袋子围着几个鱼池正在购买鱼苗。这个热闹非凡的鱼苗交易市场,就是由枝江市长江土著鱼类产销协会会长杜其松创办的天丰鱼类良种场。它不仅是枝江市内最大的鱼类良种场,而且在宜昌市范围内也数一数二,年繁殖黄颡鱼、胭脂鱼等20余个品种鱼苗3亿余尾,远销湖北、安徽、湖南三省的30余个县、市、区,实现销售产值100万元,年创纯利50余万元。

杜其松,1963年11月出生于枝江市百里洲镇滨湖村。现为枝江市有名的水产专家,省农函大枝江分校学员,水产工程师职称。1983年9月,杜其松被分配到国营枝江县(现枝江市)陶家湖养殖场,先后担任水产技术员、副场长、场长职务。1997年3月—1998年4月公派前往日本从事水产专业研修。为不影响陶家湖养殖场的工作,在去日本研修前夕,他主动辞去场长职务。学成归国回到家乡后,为了发挥技术特长,服务家乡水产养殖事业,让更多的农民靠养鱼致富,他毅然放弃了国家干部身份,丢掉了"铁饭碗",成

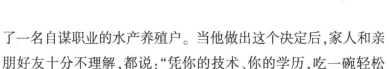

了一名自谋职业的水产养殖户。当他做出这个决定后,家人和亲朋好友十分不理解,都说:"凭你的技术、你的学历,吃一碗轻松饭,将来当个局长都不成问题,你何必自找苦吃?"杜其松笑着告诉他们:"水产养殖天地宽!"

1999年1月,杜其松租赁了马家店街办赵家河村一组的土地50亩,借贷资金120万元,兴建了30亩的养鱼池和1150平方米的鱼苗孵化池。基建半年结束后,他开始试养甲鱼,当年只利用20余亩的水面养殖甲鱼,共投放甲鱼苗10万尾。在养殖甲鱼的三年时间里,杜其松和妻子起早贪黑,吃尽了苦头,养殖获得了成功,甲鱼个大、体健、肉质好、颜色正。但并非天遂人愿,市场价格从每市斤100元猛跌到每市斤30元,甚至更低,连本都保不了。三年的辛勤劳动不仅没赚到钱,反倒亏损30多万元。这时银行又催还款,他只有硬着头皮说好话,先还利息。但他没有被困难吓倒,他相信自己的能力,只要调整发展思路,选准目标,是一定能成功的。

2004年初,杜其松决定利用自己的鱼类孵化专业技术,以及在日本学习的先进经验,结合本地的水产资源优势,兴办长江土著鱼类良种场。枝江市境内有长江、沮漳河、玛瑙河等河流300余公里,中小型水库及湖泊66座,各类堰塘、港汉、垱数以万计,有养殖长江土著鱼类得天独厚的优势。因此,他认为市场前景十分广阔。

杜其松选择了以长江土著鱼类为重点进行培育孵化鱼苗试验,实行生产、销售、技术跟踪服务为一体的经营模式。普通鱼种开展了鲤鱼、鲫鱼、鳊鱼、草鱼、白鲢、花鲢等10余个品种鱼苗的培育孵化。特种鱼种开展了黄颡鱼、翘嘴红鲌,黑尾鲌、胭脂鱼、岩原鲤、泥鳅等10余个品种鱼苗的培育和孵化。在培育和孵化鱼苗的过程中,他不敢有丝毫的怠慢,每逢鱼苗孵化季节,不分白天黑夜,精益求精,一丝不苟。因为鱼苗孵化过程一般要保持每天 24 小时流水不断,适时用空压机增氧,杀菌消毒,保持水质良好无污染物,溶氧每升水在 6 毫克以上,水温要稳定在 23～24℃,要经历 56～57 小时才能孵出鱼苗,半夜还要给亲鱼打针。每一个环节都不能疏忽。

功夫不负有心人,在他的不断努力和坚持下,终于将 20 余个长江土著鱼类全部培育孵化成功,当年就培育孵化鱼苗 2 亿多尾。由于他培育和孵化出来的鱼苗成活率高,品质优良,抗病力强,生长速度快,很受广大养殖户的青睐,产品销售一空,当年实现销售产值 70 余万元,获纯利 30 余万元。

杜其松(右)

为了进一步提高长江土著鱼类的品质和产量,杜其松多年来坚持对各类鱼种进行精心的培育和改良,目前已研发了"天丰二号高背鲫鱼""翘嘴红鲌"两个品种的优质鱼苗。如"翘嘴红鲌"原种喜欢飞,影响生长速度和产量。通过他精心选育研发后,如今这种鱼不飞,性情温顺多了,生长速度快,使得这两个新品种的鱼苗产提高20%以上。

杜其松说:"我养鱼,培育孵化鱼苗不仅仅是为了我个人致富,带领更多的人致富才是我的目的和初衷。"怀着这样的想法,他迅速成立了枝江市鱼友水产专业合作社,吸收水产养殖户1215户,合作社社员人均每年培训2次以上,年培训合作社社员近3000人次。目前合作社水产养殖面积3.8万余亩,年产鲜鱼5.7万吨,价值5.7亿元,纯利可达1.52亿元,户年纯利12.5万元。

14年来,杜其松共接受来自省内外50多个县市区数千养殖户的电话咨询辅导10万余次,成为名副其实的"热线电话",每年义务上门辅导养殖技术100余次。14年来,他还作为枝江市的水产专家接受了市科协农函大、市农业局以及枝江市有关乡镇的邀请,义务为广大水产养殖户传授养鱼技术20余次,听众达2000余人。杜其松的无私帮助和辛勤付出,大大提高了广大水产养殖户的技术水平,为广大养殖户的增产增收发挥了积极作用。杜其松还帮助黄会华等50余位农民通过养鱼脱贫致富。2012年徐兵养殖黄颡鱼,仅1亩多水面就获纯利1万多元。

杜其松丢了"铁饭碗",捧起了"金饭碗"。他不仅自己靠科技致富,靠勤劳致富,靠水产养殖致富,更主要的是带领大家致富,推动了枝江市的水产养殖户的不断发展壮大。他先后获得"全国科普惠农兴村带头人""全国农业技术推广科技示范户""宜昌市先进农村科普带头人""枝江市科技拔尖人才"等荣誉称号。

瞄准市场求效益 生态种养创高效

——记省农函大洪湖分校学员、洪湖市水产养殖户李山陆

洪湖市大沙湖管理区南垸办事处六队职工李山陆,在省农函大洪湖分校关心和支持下,成了一名农村致富能手。这两年在稻田、鱼池中进行虾稻轮作,虾鳅混养,取得了良好的经济效益,一举带动了大沙湖的部分种养模式结构调整。

大沙湖管理区是一个以养殖业为主的大型国有农垦企业,有养殖水面10万亩,以养殖四大家鱼为主。近两年来,随着养殖水平不断提高,常规鱼产量过剩,价格偏低,而养殖成本却越来越高,以致常规养殖效益越来越低,而水产小品种如小龙虾、螃蟹、泥鳅、鳝鱼、甲鱼等小品种却是养殖热门,价格一直较高,且不愁销路(小龙虾、泥鳅、鳝鱼、甲鱼等各个村都有收购点,在家门口就可出售),效益很可观。另一方面,国家对粮食生产越来越重视,种植水稻效益稳定,在大沙湖这样的低湖区,进行虾稻轮作,非常适合,技术也很成熟,还有就是稻田搞养殖,不仅不影响产量,还可减少杂草和病虫害危害,少用药,节约成本,生产出来的产品更安全健康。李山陆经过农函大专家的指导及多年养殖实践和对市场观察,看到了商机并付诸实践。

2012年开始,李山陆在自己承包的6亩水稻田尝试了虾稻轮作模式,取得了丰收,当年收获小龙虾560斤,稻谷8400多斤,亩

效益3000多元,6亩田虾稻轮作,纯利润近2万元。

尝到了甜头,有洪湖农函大技术支持,2013年,李山陆扩大了规模。3月份,他将本队的80亩稻田全部流转到手,并进行改造,中间开十字沟,四周开垄沟(沟宽2米,深1.5米),做埂子,同时栽上防逃网,在垄沟里种植水草(黄丝草、轮叶黑藻、水花生等),以净化水质,为龙虾提供食物、脱壳和躲避天敌的场所。5月初开始投苗。放养的龙虾苗种情况如下:选购规格30头/斤,价格5元/斤,每亩投放130斤,合计投放虾苗9680斤,计成本约5万元;另外在6至7月投喂龙虾饲料2.5吨,约1.1万元。2013年6、7、8三个月共起捕一两重成品虾4000斤,出售均价16元/斤,合计收入6.4万元。

因2013年是第一年养殖小龙虾,投入虾苗成本较高,小龙虾养殖基本持平;水稻种植,亩平收入1500元,80亩水稻,收入12万元。李山陆总结了一下,2013年小龙虾养殖利润低的原因有两方面,一是为了获取更多的苗种,高峰期的成品虾出售少,但这是为2014年留下更多虾苗虾种,打下良好基础;二是动手晚,进种迟,若是提前一年进了虾种,就可以降低购种成本,并可较大幅度提高产量。他认识到,开展虾稻轮作效益好,简单易行,符合现代农业发展趋势及国家产业政策,是很有搞头的生态立体农业产业。

因为有2013年奠定的良好基础,2014年清明节前后,气温一上升,李山陆就请洪湖农函大教师现场指导,开始对虾稻田早上水,早管理,早投喂。4月中旬,他就开始笼捕和出售龙虾苗和大规格商品虾了,龙虾苗6.0元/斤,大规格商品虾20多元/斤,4—5月,他出售虾苗3200斤,商品虾2400斤,收入67000多元。6—7月,他又出售商品虾7200多斤,均价12元/斤,收入86400多元。

除去投喂 5 吨饲料成本 2.6 万元,地笼成本 3000 元,网片、种草等成本 5000 元,年纯利润达 12 万元,加上水稻种植收入,2014 年这 80 亩虾稻轮作,年纯利润达 23 万元。

李山陆说:"小龙虾养殖,是近几年水产养殖的大热门,投入小,生长周期短,资金回收快且高,一年下种,多年收获、养殖技术简单。更重要的是,现在的小龙虾市场火爆不愁销,捕捞简单且时间长,5 至 8 月,每天都可捕捞,也就意味着每天都有现金收入。

李山陆

稻田养虾模式更是养殖小龙虾的最成功模式之一,它发挥了立体生态种养优势,节约了土地资源,充分发挥了小龙虾对水质要求不高,食性杂、生长快的优点。而且稻田养虾管理简单,主要工作就是适时下地笼起捕小龙虾,也就是说,主要的工作是收获。基础工作一是投好苗,二是管好水,三是适时投喂。他主要通过在沟中栽黄丝草营造小龙虾生长环境,也提供大量食物,在龙虾生长高峰期5、6月投喂少量龙虾专用饲料;另外每月进行一次调水和改底。因高温季节杂草腐烂,对水质影响比较大,特别是对龙虾的品质有影响,还有在龙虾生长高峰期,2~3次使用生石灰,为龙虾生长提供钙质。这些经验的摸索得益于洪湖农函大教师的指导和帮助。

2014年,李山陆还用一个面积6亩的小鱼池进行了小龙虾和台湾泥鳅混养模式试养。2014年9月中旬,他通过农函大教师的牵线搭桥从广东购进台湾泥鳅苗30万尾,规格500尾/斤,价格0.18元/尾,回来投放在小龙虾专养池中,喂养了1个多月,长势很快,达到了约200尾/斤。2015年又喂了约3个月,5月底销售。2015年4月中旬,他试着下了地笼,将大点的泥鳅起捕上市卖了75斤,平均价格达23元/斤。李山陆说:"台湾泥鳅生长速度快,不发病,易起捕,一般当年就可养成,产生经济效益,亩收入可达5000元以上。"养殖泥鳅,管理上一是在池上设置防鸟罩网;二是搞好水质管理,这比养鱼还简单,因为泥鳅很少缺氧;三是做好驯饲及投饲工作(有专用饲料)。虽然李山陆泥鳅还没有出售完,但从喂饲情况来看,应该可以获得较好的效益。

在李山陆这个活生生的身边典型带动下,大沙湖养殖户们纷纷找到洪湖农函大,要求农函大为他们提供技术保障。现在他们已经搞起了各种形式的小龙虾养殖,如稻田虾稻轮作、藕田虾莲轮作、回形鱼池还田虾稻轮作、鱼苗池鱼虾轮养、大鱼池虾鳅轮养等,一时掀起了大沙湖小龙虾养殖的新高潮,形成了养虾、运虾、收虾、加工虾、吃虾的全新的小龙虾产业链,给大沙湖农业经济发展注入了新的活力。

核桃产业托起群众致富梦

——记省农函大郧阳分校教师、
郧阳区胜源核桃产业协会会长李兴胜

在郧阳区漫山遍野翠绿的核桃林中常常有一个忙碌的身影；在南水北调中线水源区汉江河畔有一个被誉为"核桃王"的专家；在郧阳区十里八乡有一个人人称赞的"科技致富带头人、领路人"。他，就是省农函大郧阳分校优秀教师、湖北丰神林果有限公司总经理、郧阳区胜源核桃产业协会会长李兴胜。

李兴胜，男，现年58岁，中共党员，高中文化程度，郧阳区杨溪铺镇伏山村人。他2006年开始发展核桃产业，于2008年成立了湖北丰神林果有限公司，几度春秋，公司现已成为集核桃良种引进、栽培、推广、技术服务、苗木繁育和产品收购、加工、销售于一体的高科技现代化农业产业的龙头企业。公司注册资金300万元，总资产1100万元，现有职工165人，其中管理人员20人，专业技术人员45人，高级技术顾问5人，高标准、高质量核桃科普示范基地4000亩，2014年实现销售收入7000余万元。

省、市、区领导深入该公司基地考察后，予以了高度肯定："这就是依靠科技进步、调整农业产业结构、带头致富的好典型，也是带领广大农民群众发展产业，使广大农民群众学有典型、看有榜样、做有样板的好形式，值得在全省、全市、全区宣传、普及、推广。"

"民生"点燃创业梦

2003年,在外闯荡多年、已小有成就的李兴胜带领家小,回到养育他的家乡,目睹面朝黄土背朝天的父老,他心急如焚,深知种田的艰辛和农民的贫穷。如何改变山区农村贫穷落后的面貌,如何走出一条适合当地乡情的致富之路?是他一直思考的问题。于是他抽出大量时间,沉下身静下心,一心一意搞调查研究,多次进省城、跑十堰,到县城有关科研院所寻找科技致富信息。根据收集来的大量信息,结合当时郧阳区正在启动南水北调工程,家乡将有大片肥沃土地将退耕还林和伏山村的气候、土地条件实际,心中便悄悄燃起了发展核桃产业带头致富成功后再带领群众致富的激情。为了确保可操作性,不走弯路,他一次又一次组织有关专家论证,在有关专家科学论证和指导下,他下定决心依靠科技,发展名优特核桃产业。从此,他有了发展核桃产业的创业梦。

百折不回 执着追梦

确定了发展方向和发展目标后就勇往直前。李兴胜全身心地投在"核桃"上。为了能够熟练地掌握核桃高产栽培技术,2004年依托农函大郧阳分校,他潜心钻研阅读牢记理论知识,认真学习《土壤肥料学》《病虫防治学》《遗传学》和《核桃高产栽培》等培训书籍。农函大郧阳分校技术专家教师,坚持每星期给他讲两天理论技术知识。功夫不负有心人,通过刻苦学习,2004年底,他终于熟练地掌握了其技术要领。

　　为了引进高产、高效、优质品种,2005 年,李兴胜在外奔波了半年之久,先后考察了河南、陕西、山西、湖北、山东五省十几家大型核桃基地,并投资 32 万元高价购回了五个品种共计 8000 棵 3 年生核桃树进行对比试验,高薪聘请了农函大郧阳分校两位技术专家和他一起研究论证。经过两年的观察试验,于 2007 年最终选定了生长快、产量高、品质好、抗寒、抗旱、抗高温、抗病力强的河北定州的"清香薄壳核桃"作为发展品种。

　　为把科技转化为现实生产力,尽快产生效益,2008 年春,在郧阳区农业银行的大力支持下,李兴胜再次投资 300 余万元,从河北购回 20 万株核桃苗,在家乡伏山村,谭家湾镇青山、吁坪寺三村租赁地 4000 亩,建立了核桃示范园。

科学管理　梦想成真

　　为了把基地办成一个高产高效农业示范园,使广大农民看有榜样、学有典型、做有方向,他把家搬到山上。几年来,他吃住在山,既做老板,又做技术员。他边学边干边总结,探索总结出种植环节坚持"六个一"方法(使用一株优质苗、选择一块好地、挖一个规范定植窝、施一筐有机肥、浇一担定根水、盖一块塑料薄膜)、栽培方法坚持"三大"(大苗、大窝、大水)和培育管理坚持"四个一"(一套完善的间作、一年一次追肥、一年一次预防病虫害、一年一次整形修剪)管理措施。另一方面注重加大员工学习培训力度,切实提高员工技能素质。常年聘请农函大郧阳分校技术专家定期或不定期地深入基地对员工进行培训,集中技术示范操作。同时,还组织公司技术人员到河南、山东、河北等地进行参观学习、交流先进经验等。通过培训、学习、交流,员工们的整体素质有了大幅度的提升,培养了一批懂技术、善经营、会管理的人才,为核桃生产、丰产提供了强有力的科技人才支撑。

科技出成果,人才出效益。通过李兴胜的辛勤努力,2010年4000亩核桃基地大见成效,果树茂密成林,果实挂满了枝条,每棵树产干核桃18斤,亩产量800斤,亩产值16000元左右,实现核桃农业生产总值6400万多元。

带领群众共圆致富梦

在李兴胜的带领下,周围五个乡镇许多农民自愿组团前来参观,李兴胜总是热情接待,细致讲解。广大农民看后、听后纷纷要求发展核桃产业。目前,已辐射带动周边谭家湾、杨溪铺、白桑关、安阳、南化五个乡镇4000余户农民发展核桃产业,面积达3万余亩。

为使产业惠及于民,让广大种植户获得最佳经济效益,李兴胜采取了5条行之有效的措施,为广大种植户提供产前、产中、产后服务。

组建协会。2011年,为适应产业发展需要,在李兴胜积极努力下,成立了郧阳区胜源核桃产业协会,采取"支部+协会+公司+基地+农户"的运行机制。他亲任会长,理事会成员由公司专业技术人员和各村320名种植大户组成。协会采取统一供苗、统一培训、统一防治、统一收购、统一加工、统一销售的措施,为广大种植户提供一条龙服务,助推了核桃产业大发展。

加强技术服务。每逢关键性管理季节,李兴胜和他公司的技术人员都要深入村中及时召开技术培训会，深入农户广泛宣传，深入田间地头手把手地教，面对面地解答。力求种植技术人人皆知，户户有个种植明白人。

李兴胜(左)在核桃基地为村民讲授修剪技术

建立核桃产业优良种苗生产服务中心。一是组织了一批善经营、会管理、懂技术、能吃苦的工作人员成立优良苗木培育中心；二是按照高产、高效、优质的指标要求，李兴胜先后投资160万元买断集中连片、土壤肥沃、通风向阳、水渠好、能灌能排400亩土地，用于培育核桃苗扩大再生产优良种苗供应基地。近年来，共向广大种植户累计提供优质嫁接枝条30余万根，优质苗木40余万株。

培育种植示范大户。公司以种植村为单位，采取"帮、扶、带"

措施，在每村选择一户综合性基础条件较好的户进行重点培育、重点扶持，起到了较好的示范带动作用。近三年来，共在14个发展村培育了14个高产高效种植大户。

强化科普组织和阵地建设。一是以14个种植村为单位，扶持成立了14处科技活动站，配备了14名科技联络员，搭建和架起了公司与种植户进行科技活动的桥梁和纽带；二是以种植村为单位，以各村科技联络员为对象，为14个村14个科技联络员各配备一台电脑，利用网络媒体广泛宣传普及推广先进的科学管理技术、经验和措施。

展望未来 绘制大产业"蓝图"

谈到未来的发展方向和发展目标，李兴胜满怀豪情，信心百倍。他告诉笔者，公司将按照"面向大市场、建设大基地、培育大产业"的目标，以科技为支撑，以示范带动为目的，以普及推广新技术为核心，坚持"全心全意为果农服务，尽职尽责为果农谋利益"的工作宗旨，通过不断建立健全长效有效的运行机制，力争到2020年，公司(基地)再扩展2000亩，努力实现年销售收入过亿元；加大投资力度，兴建年加工能力在10000吨以上的核桃深加工企业；扩大示范覆盖面，带动万户农民发展10万亩核桃产业，力争实现核桃年农业生产总值4亿余元。同时，打造养殖、种植、加工、餐饮、观光为一体的生态现代农业产业链，带动更多农户发展绿色生态环保农业经济，将家乡建设得更加美丽、更加富裕、更加美好，实现自己用"核桃产业"托起千家万户的"致富梦"。

艰苦创业获殊荣。"清香牌核桃"农产品荣获第六届中国武汉农业博览会金奖,被十堰市人民政府确认为"农业产业化市级重点龙头企业",完成的核桃高接换优关键技术研究与推广项目被省科技厅认定为"湖北省重大科学技术成果",被省林业厅确认为"湖北省林业产业化省级龙头企业",被市委组织部、市农业局认定为"十堰市农业特色产业示范基地",被市科协授予"优秀农村科普示范基地"。他本人2012年被市科协授予"十堰市农村科普带头人",被区委、区政府分别授予"优秀共产党员""农业产业种植示范户"和"十大科技致富能手"等荣誉称号。

葡萄家庭农场的甜蜜梦

——记省农函大鹤峰分校学员、鹤峰县白泉葡萄家庭农场主杨万兵

鹤峰县下坪乡白泉葡萄家庭农场,位于下坪乡南大门堰坪村二组,依山傍水,交通便利,和巴鹤线一桥之隔,由现年52岁的鹤峰县农函大分校学员杨万兵于2013年带领全家创办。时隔三年,他们将其打造成由湖北省农业厅授予的"2014年度省级示范家庭农场",是全县仅有的三个获此荣誉称号的农场之一。现在,葡萄长势旺盛,又是挂果的年份,一家人满怀丰收的喜悦。

初创的迷茫

老骥伏枥,志在千里。52岁的杨万兵,虽然已过半百,只是高中学历,但志向远大,决心要在自己有生之年干出一番事业,为了让小家能过上一个相对体面的生活,也为了让大家分享自己收获的果实。2013年,杨万兵通过土地流转的方式,将30亩荒芜的水田流转在自己的名下,流转土地的总面积虽然只有30亩,但是户数就有23户,要想全部租下这些土地,租费要高,让农户有利可图才行。杨万兵找到村"两委"帮忙协调,与农户协商,最后确定下来的租费是按照每亩每年500元,三年后每亩每年涨100元,1000元封顶。其中有农户杨宜红的一块茶田,在租之前杨万兵补

偿了对方 8000 元。根据这个协议，杨万兵让农户之后也能分享收获的成果，真正在最大程度上保证了农户利益。土地流转完成后，杨万兵自此开始了前途未知的葡萄事业。

杨万兵请了挖机开始抽槽，30 多亩地像无底洞，草是一车接着一车，饼肥是一堆接着一堆，全部倒入了槽里面，家里的积蓄如流水般倒进田里。对于未来，杨万兵心里充满了期待。

接着就是准备基础设施，水泥柱、竹子、钢丝等。由于没有现成的设备，水泥柱的制作只有自己装模型自己做，这样也可以省一笔钱。竹片要好几万匹，钢丝要几吨。所有的材料都要买，钱是一天天投，可是杨万兵心里越来越没底了，在哪里买苗子？这里环境适不适合？技术要求高不高？已经投这么多资金能赚钱吗？这些疑问久久缠绕在杨万兵的脑子里，对于这些问题，他心里没有底，每天都思索着下一步该怎么走，但是他始终相信，路就在脚下，一定会有解决问题的办法。

亲人的协助

断了退路才有出路。2013 年，大学毕业上了半年班的儿子杨敏，决定辞去工作回到家乡，和父亲一起投身了这片承载了他们一家太多期望的土地，共同拼搏。

杨敏回到家，看着光秃秃的基地，创业的激情瞬间膨胀，美好的蓝图在脑海中描绘，大干一番的热情洋溢于胸中。从幻想回到现实，杨敏也有很多疑惑，种植葡萄一窍不通该从哪里开始？基地的基础设施基本建成，可是苗子在哪里买？技术又在哪里学？有问题不可怕，怕的是没问题。于是，杨敏就开始期待地在网上查阅着相关信息,同时还参加省农函大鹤峰分校的培训学习,如饥似渴地学习葡萄种植技术。

　　一次,杨敏上网查询资料时,突然一个"湖南农康葡萄专业合作社"网页的链接出现在眼前。他点开网站进去仔细查看,发现这个位于湖南的葡萄专业合作社有几万亩的基地,这么大的规模那么其技术肯定过硬,而且地理位置离自己又很近,于是经过仔细考虑,父子俩决定一起去湖南农康葡萄专业合作社看看。

杨万兵(左)

　　不看不知道。那里的规模和技术确实让人大开眼界,基地一共有 20000 亩,产品销往全国,市场非常好。放眼望去,遍地全是葡萄,整整齐齐。附近的农民说这个基地一年的葡萄产量很高,可以达到亩产 4000 斤。杨万兵父子首先见到了基地的葡萄技术员,对方了解到他们的来意后就说了句话:"你们想种葡萄那真是找对地方啦!"于是,技术员就为杨万兵父子详细介绍合作社的情况。最后,双方商量好,杨万兵在该基地购买苗子,对方提供技术,每个月通过网络发送过来。按照他们的技术,第二年葡萄就可以挂果,第三年就可以高产。听到这个,杨万兵父子当时心里很是激动,对于未来更加充满了信心。交易达成后,杨万兵父子当即就去他们的苗圃基地买苗子。

艰辛的期待

2014年3月,杨万兵种下了葡萄苗,4月确定鹤峰县下坪乡白泉葡萄家庭农场法定代表杨敏。于是一家人就开始进入漫长的葡萄管理阶段,一家三口总是摸爬滚打在山间,挥洒辛勤的汗水。

这条路注定不是一帆风顺的。2013年5月开始土地治理,修沟渠,抽槽换土,要边挖边砌,不然已经挖好就会自动流到一起了。因为全部是泥田,修沟渠很不方便,要穿胶鞋,背石头过去,然后站在泥田里砌墙,每移动一步都很难。当时水田有三分之二是荒草,有一人多高的茅草,并且还是泥田,人不能下去。抽槽换土,因为土质很硬,容易板结,要抽1米深的槽,里面放草和树枝,然后铺土。在长达一个月的时间,不分天晴下雨,就是收草,再往槽里放,草是一角钱一斤。制作水泥柱的过程也充满辛酸,计算下来,整个基地需要1200根水泥柱,全靠自己做模型,接着就是倒水泥柱。等半个月之后,就将制作好的水泥柱运送到田里。当时道路还没修好,全靠人挑背扛,大热天依然穿着胶鞋、穿着棉衣运送到田里,按照列距 8 米行距 2.5 米的要求矗立起来。接着就是竹子连接列行,再在竹子上绑铁丝。一共收购了两个片区的竹子,修成竹条,弯成弓形绑在铁丝上。

2013 年 10 月底,杨万兵去湖南购买葡萄苗,分夏黑、红宝石、红地球、金手指、美人指五种,拖回来用泥沙柄着。2014 年 3 月栽苗,接着就是苗子管理,7 天冲 1 次充施宝,促进苗子的生长。当苗子长到第一挡时,就摘去下面的分支,只留上面的两个分支固定在两边的铁丝上。当长到 80 厘米就要摘心,然后把两边长出的分支斜着迁到二挡形成 v 字形。每隔 1 个多月锄草 1 次,冬天要冬剪和施越冬肥,开春要施春肥,主要是饼肥,然后就是修剪枝条。5 月开花絮,要留营养枝和挂果枝。疏花不能留得太多。6 月结花蕾,7 月可挂果,离葡萄收获的时节越来越近了。

艰难困苦,玉汝于成。很累的时候他们会发牢骚,也曾争吵过,甚至也想放弃过,但最终,他们还是团结一心,克服重重困难,终于迎来收获的季节。现在,通过科技种植,葡萄长势很好。2014 年,农场获得了"省级示范家庭农场"的荣誉称号,这对杨万兵一家来说是极大的鼓励。

美丽的蓝图

对于农场今后的发展规划,杨万兵满怀信心,他要把白泉葡萄基地建设成整个鹤峰县乃至整个恩施州的标准葡萄园。除葡萄种植之外,还要扩大豪猪、娃娃鱼养殖规模,修建农庄,将白泉葡萄农场打造成集休闲游、农家游、观光游于一体的游乐胜地。杨万兵说,在国家富强、民族振兴、人民幸福的中国梦下,人们的生活水平提高,现在正是好的时机,发展前景十分广阔。越来越多的城市人来乡下游玩,带着孩子体验农家生活,呼吸新鲜空气;可以自己进园采摘,吃上新鲜水果;可以走进农家乐,吃上本地特色的农家饭;可以走在乡间小道上,观看奇花异草;可以沿河而坐,戏水垂钓,陶醉在山水之间,感受着大自然的气息。

一无所有就是拼的理由,人在路上,鞋磨破了可以换,但是路必须自己走。杨万兵依靠科学技术编织致富的甜蜜梦。在这个梦想的召唤下,他们全家正一步一步将梦想变为现实。

科技引领 走绿色农业致富之路

——记省农函大老河口分校学员、老河口市裕丰果品合作社理事长杨天网

杨天网,今年50岁,老河口市袁冲乡孟桥川人,从事林果栽培已有32年历史。他发起成立的裕丰果品合作社被评为襄阳市示范级合作社。30多年来,一个普通、朴实的农民凭着对林果业的执着追求,进农函大学技术,找市场拓销路,通过艰辛努力,用自己的辛勤劳动和智慧,开辟了一项新的事业,带动了周边农民共同致富。

开辟荒岭,组建合作社

杨天网生在农村,长在农村,是一位地地道道的农民。家里有几分薄田,种着小麦,勉强度日。他虽然家境贫寒,却从不服输,从小就立志要成就一番事业,改变自己的生活状况。看见家乡有许多荒山未得到很好的开发利用,而村里的集体经济又十分薄弱,乡亲们的生活水平还很低,他就想,家乡这些荒山也是宝地,何不开发利用,使荒山为社会创造财富?

想到就干,杨天网不顾家人反对,将20多年的积蓄和向亲朋好友借的十几万元钱,全部投入荒山开发之中。他租了几十亩地,种上桃苗,起早摸黑,以果园为家,吃住都在这里,边学边干,用心编织自己的这份梦想。几年下来,也小有成果。

2007年，为了扩大种植规模，杨天网说服几个果农和他一起组建了裕丰果品合作社，走规模化种植道路。

2010年，由于没有掌握好市场信息，引进的种植品种老化，加之天公不作美，雨水不断，严重影响了苗木的生长，导致当年产值不高，品质过低，销售困难，没销售出去的果子大部分烂在了树上和地上，损失惨重。

如此败绩，无异于给心怀梦想的杨天网泼了一盆冷水。但他并没有因此而丧失信心，而是凭着百折不挠的精神，奋勇前进。

学习新技术，引进新品种

2011年初，经同行介绍，杨天网来到春雨合作社农函大远程教育示范点。在这里，经过一番刻苦学习，他才明白自己与他人的差距。无论是从种植规模、产量、色泽外观上，还是利润值上，自己种植的桃子和同行们相比，简直就是丑小鸭和白天鹅。

经过在春雨培训学校实地观摩学习，利用农函大远程教育平台，杨天网引进了春雨合作社的桃子新品种，学到了一套过硬的种桃技术，并掌握了销售技巧。

在学习过程中，杨天网体会到了春雨合作社研发的桃标准化栽培"六个一"技术模式的妙处：以较少的投入把成熟的技术集成优化，用药模式解决了病虫综合防治、抗旱与施肥结合、全面提升果品品质、突出安全卫生生产诸多难题，亩平增效达800元以上。此方法利用物理、生物措施"六个一"综合防治病虫害，开展绿色食品生产。他深觉此方法可行，回去后严格贯彻，确保"舌尖上的安全"。

经过新品种、新技术的引进及实施，裕丰合作社迅速发展起来，成员队伍不断壮大，服务功能不断增强，成员收入不断提高，起到了"建一个组织、兴一项产业、活一地经济、富一方百姓"的作用。2014年，合作社成员125名，人均收入达到31000元，比当地非成员农民人均纯收入高31%。

杨天网的桃园

合作社发展西未红蜜桃面积1250亩。优良的果树品种，先进的管理种植理念，如同星星之火在潜移默化中改变了当地农民的种植计划。2013年春，农民群众自愿将710亩耕地流转给合作社用于发展果树生产，合作社又增添新成员35名。截至2014年底，合作社拥有苗木、果品生产基地3250亩，带动果农20000余户，服务范围辐射到本市5个乡镇面积3万亩果园。

合作社推广高定杆V字形树型、长枝修剪、果实套袋、种植果园绿肥白三叶草等多项新技术，实现机械进园操作，减少了劳力投入，亩平降低了生产成本500元。实行绿色食品标准化栽培，3000多亩水果全部达到绿色食品A级标准。

真情奉献,当好领头雁

近几年来,农村青壮劳力大部分外出打工或在当地企业就业,而苗木果品生产是劳动力密集型产业,各个生产环节需要大量的劳动力。针对生产经营活动中存在劳力严重不足的问题,合作社组建了修剪队、机防队、嫁接队,统一果树修剪,统一提供病虫害防治,统一提供接穗及嫁接,积极开展技术服务,解决一家一户解决不了的问题。

修剪队由10人组成,负责四季为成员的果树提供修剪服务,通过统一修剪,延长果树寿命,提高果实产量和品质。

机防队由12人组成,合作社配置机动喷雾器10台,统一购、配农药,在最佳时机开展病虫防治,苗木防治每年不少于3次,果园不少于5次。

嫁接队由20人组成,主要是解决大多数成员不会嫁接、成活率低的问题,接穗由合作社统一组织,每接活1株收费0.05～0.1元,在收购苗木时扣除。

杨天网常对农民群众说:"一人事业的成功不算成功,只有大家成功才是成功;一人富裕不是富裕,只有共同富裕才是真正的富裕。"他亲自为前来取经的果农示范,把多年积累的水果栽培技术毫无保留地传授给他们,还自己掏钱复印资料送给专业户。

经过几年在农函大的培训,他带起了一支50人的农科服务团,每年送技术入村入户。在杨天网的影响和带动下,许多农户靠种植桃子走上了致富之路。

科技兴果创新路,引领果农奔小康。杨天网践行兴果富民的中国梦,谱写了现代农业发展的新篇章。

让荒岗长出"软黄金"

——记省农函大孝昌分校学员、
湖北锐浩农业开发有限公司总经理杨火春

金秋时节,走进孝昌县花园镇松林岗村,只见舒缓、柔美的坡岗上,一排排竹竿竖立在岗上,竹竿下一筒筒杂木里长出的灵芝刚刚采摘完。一片开阔地上,一群农民工正在用刷子刷下灵芝孢子破壁出的灵芝孢子粉。

松林岗村位于花园镇东部,山岗资源丰富。去年8月,孝昌县花园镇招商引进湖北锐浩农业开发有限公司,经土地流转,在这里集中连片开发建设灵芝菌类基地。

"灵芝孢子粉被誉为保健药材中的'软黄金',可预防和辅助治疗肿瘤、保肝护肝,有预防保健作用,深得追求健康的人士喜爱。"湖北锐浩农业开发有限公司总经理杨火春介绍。

天时地利造就灵芝基地

在生意场摸爬滚打多年的杨火春是孝昌县小悟乡石堰村人,有几位朋友在安徽金寨发展灵芝种植及加工。市场嗅觉灵敏的他迅速捕捉到商机:"安徽金寨灵芝产业全国有名气,那里家家户户种植灵芝,从种、收、加工、销售,形成全产业链。看到他们的成功,我就想回来发展灵芝产业。"

2013年8月,杨火春投资700万元,在花园镇松林岗村流转荒山荒岗200余亩,发展灵芝产业。

灵芝栽培对日照、气候等条件都有较高要求,而孝昌开春早、冷得晚,气候温暖湿润时间长,适宜各种菌类作物生长。气候改变种植模式。杨火春一改过去养菌模式,在冬月间养菌,实行低温养菌,剪断病毒的根子,控制杂菌感染。"养好菌类后,孝昌清明节以前就可以下田了,而安徽5月间才下田,这样我们的灵芝生长期长,品质更好。可以说,孝昌种植条件比安徽还要好。"经过参加一年省农函大孝昌县分校种植学习,杨火春初步掌握了种植灵芝的方法。

杨火春(左四)向扶贫办领导介绍基地情况

天时地利,让灵芝"喜欢"上松林岗村。一般种植灵芝遇上好收成,15个灵芝能刷下500克灵芝孢子粉。今年8月,锐浩公司首

批灵芝采摘,15个灵芝竟然刷下了600克灵芝孢子粉。

产量的提升让杨火春更加信心十足。杨火春在孝昌县流转山场1000亩,种植小木林、小杂树,为种植灵芝提供原材料,做到资源的合理利用。

荒山荒岗上流金淌银

花园镇松林岗村有山岗1100多亩,十年九荒,原来村民种花生、芝麻,效益低下。

今年51岁的刘金华,将自己的3亩岗地流转给锐浩公司,公司每年每亩出租金300元。刘金华还可到灵芝基地打工,一个月能挣3000多元。

"灵芝从种到摘,要经过10个环节,而且都是不重的活,像5月到8月是最忙的季节,平均每天100多人在基地上做事,今年仅劳务费用就有100多万元。"公司副总经理李水清说。

1亩田种1万筒灵芝,产800斤灵芝孢子粉。今年,整个公司种200万筒灵芝,预计可以产16万斤灵芝孢子粉。"现在销售供不应求,货虽在孝昌,但客商早已下了订单。"杨火春乐呵呵地说。

做前期生产只喝了"灵芝汤"

今年迎来丰收的杨火春,却只赚了"蝇头小利"。"我们的灵芝卖给安徽客商每公斤40元,灵芝粉是每公斤110元,而安徽客商深加工后,灵芝孢子粉市场销售是每公斤4000元。我们只是喝了'灵芝汤',吃不上'灵芝肉'。"杨火春略显尴尬地说出了存在的问题。

刷灵芝孢子粉

灵芝孢子粉属于保健类产品,申请到 QS 和健字号标志,才能生产。

县科协农函大听到企业困难心声,已着手向省食品药品安全管理部门申请 QS 和健字号标志,向灵芝生产环节和全产业进军。

"我们自己也要培育菌种,摆脱向安徽购进菌种的依赖;与湖北农科院合作,建设专业技术队伍;兼顾发展香菇、冬菇等食用菌产业,打造全产业链。"这是杨火春下一步的发展规划。

花卉苗木基地里的致富经

——记省农函大当阳分校学员、
当阳市半月镇花卉苗木带头人杨玉华

一木不成林,百花方为春。在当阳市半月镇花卉苗木蓬勃发展的今天,有一位花农不得不提,他就是杨玉华,当阳市半月镇先锋村四组人,1970年生,中共党员。源于对家乡的热爱,高中毕业后毅然放弃下海经商的机会,埋头在他热爱的土地上,这一扎身就是大半辈子。

20世纪90年代,高中毕业后,杨玉华跟着父辈从事农业生产,几年下来算一算账,除去各种农业生产资料的投入,没有多少利润。当时,苗木花卉虽然是热门项目,前景可观,但在2000年敢毅然腾出责任田,将自己的田地都种上了香樟、广玉兰、桂花等树木的人还是屈指可数的。当年的杨玉华揣着自己辛辛苦苦攒下来的几千块钱,从亲戚朋友那里拼拼凑凑借了2万块钱,就这样干起了花卉苗木种植。花卉苗木收益周期长、投入大,最初4年,他都是在投入,苗木基地经营艰难,在亲朋好友的信任、支持下,渡过难关。现已累计投入80余万元。

在创业之初,几次贩树失利的经历,让杨玉华深知隔行如隔山,没有足够的经验和知识,是不可能成功的。花卉苗木产业作为朝阳产业,虽然市场前景广阔,但要在市场竞争中站在潮头,必须依靠科技与知识才能立于不败之地。他刚开始从事花卉苗木行业，觉得这里面利润大，在山里找到好的树种就能卖个几千块。后来，他渐渐发现，在农村山里寻找利润有限的树种，不如发展基地树源获利长远。于是通过流转土地经营权种植景观树，现基地已达到100亩。

土地有限，如何提高土地利用率，培养出新精品苗木品种，提升土地的附加利润，成为杨玉华思考的头等大事。经过多方权衡后，他确定将自己的苗圃定位为中高端观赏性苗木培育基地。

准确定位后，技术培育则是接下来的难点。近年来，他参加农函大的学习，多次参加宜昌市、当阳市花卉苗木技术培训、全国各地花卉苗木展销博览会等，不断学习先进技术。曾先后获得过宜昌市花卉苗木培训结业成绩前十名的好成绩，他的苗木基地也被评为当阳市"十佳苗圃"。他不仅从外地请来专家、技术人员指导花木培育，还订阅《中国花卉报》《花木盆景》等报纸杂志，不断学习科技知识，在花卉苗木培育上进行技术创新。经过多方努力，他培育出了乐昌含笑、古藤月秀等花木新品种，并采用大棚育苗、芽苗移栽、夏季切接等技术，成功将紫薇、红继木等生长缓慢的树种缩短了幼苗期。由于注重技术创新和科学管理，杨玉华的园艺基地苗木自培率达90%以上，科技成为他发展生产的主要手段。

在这个信息爆炸的时代，"酒香不怕巷子深"早已过时，再香的"酒"也需要好的营销，杨玉华的花卉苗木也不例外。刚从事这个行业，到处磕磕碰碰，没有人脉，没有关系。辛辛苦苦培育的品种，销路打不开，让杨玉华着实头疼。2005年，在河南花卉苗木博览会上，杨玉华看到有经销商现场利用网络展销平台进行花卉苗木介绍、定价、拍卖。回来后，他就请专业技术人员为自己的苗木基地建立了网上营销平台，每一季的新品种都会及时在网上更新，网上订单也越做越大。由几十株的小单发展到上千株的大订单客户。苗木销售地区也从最初的江浙扩展到重庆、湖南、湖北、河南等地，年产值达120余万元。

杨玉华的花卉苗木基地·商品月季园

"我这个年纪了，无意过多宣传自己，就是想尽自己最大的能力帮助乡亲父老增收，过上小康生活，这就是我最大的愿望"，杨玉华说。简单的话语中饱含的是"致富不忘乡邻"的深深情怀。从事花卉苗木行业十几年来，生产工艺从开始的单株贩运到现在的基地供种，从昔日的花木品种几个发展到现在的近30个，规模越做越大。目前，他为周边花农提供了近10万株优质经济苗木，为市场提供了近 20 万株绿化景观苗木。同时,也带动辐射周边农户拓展了增收渠道,发展周边 20 多户也纷纷种植起了花木,面积达到了 200 亩,帮花农批销苗木 3 万多株,为花农创收近 50 万元。他对刚起步的花农更是无偿提供种苗,将花卉市场信息、管理技术知识等也是无偿提供,为他们当参谋、出主意。只因他当年独自创业举步维艰,现在有了经验,愿意帮助更多的人一同走上花卉苗木致富路。

当被问及今后在产业发展方面有何打算时,杨玉华只简单地说了一个"有"字,便笑着为新培育出的树状月季修理枝叶。从他认真和笃定的眼神中,这个"有"字多么让人期待啊!

开辟石蛙养殖新天地

——记省农函大通城分校学员、
通城县密岩山石蛙养殖科普示范基地吴雄

石蛙是生活在深山密林山涧小溪中的一种珍贵两栖动物,属国家二级保护动物,其体大肥硕,富含人体所需氨基酸及各种微量元素,具有很高的实用价值和药用价值,自古被人们誉为"食之长寿,药用化痰"的珍贵野味。但由于人们的大肆捕捉和自然环境的破坏,自然界中的石蛙日趋减少,而随着人民生活水平的不断提高,石蛙的美味和药用价值使食蛙越来越受追捧,石蛙市场供不应求,市场前景相当可观。

吴雄出生于通城县关刀镇苔源村六组,屋舍坐落于苔源村密岩山脚下。密岩山海拔1000米,山上茂林修竹,清净幽雅。山脚河涧小溪众多,流水清澈,长年不断,自古此地就栖息了很多的野生石蛙。每在春夏秋季夜晚休息时,总能听到石蛙的"咕咕"叫声。了解到当地石蛙需求量很大且价格又高,且有如此良好的石蛙栖息环境,高中毕业后,吴雄遂萌发了人工养殖石蛙的想法。

查阅资料后,2012年,吴雄就奔赴浙江山泉谷石蛙养殖场学习人工养殖技术,来回奔波,历时三个月,终于取得培训技术合格证。归来后,便开始按学习经验建造养殖池,初始按山泉谷养殖场一样,均为厂房形式养殖池,而后开始引进种蛙繁殖驯养。初始一年,繁育了 7000 多尾石蛙蝌蚪,算是初步的成果。第二年,通过网上交流认识了江西燕山石蛙养殖场场主,于是到燕山石蛙养殖场参观了他的仿生态散养养殖石蛙模式,学到了养殖经验。两种不同的模式养殖石蛙各有优缺点,吴雄就想着把两种方式结合在一起。于是,又建造了半厂房式半散养式养殖池两百平方米,尝试后发现效果真的很好,新式池改善了厂房式的石蛙不活跃和散养式的石蛙人工管理不方便,大大减少了养殖的成本,提升了产值。

吴雄(前)在石蛙养殖场

　　近年来,在县水产局、县科协农函大及有关业务部门的关心和帮助下,吴雄先后成立了密岩山石蛙养殖基地和密岩山石蛙养殖科普示范基地。目前,基地总面积 30 亩,建成养殖面积 2000 平方米，幼蛙养殖面积 1000 平方米，蝌蚪和孵化面积 15000 平方米，养殖饵料蚯蚓面积 800 平方米，养殖饵料黄粉虫、大麦虫厂房一栋，成蛙池每平方米能养蛙 40～60 只，每只蛙养殖到 150 克上市，即每年能出产 12000～18000 千克。目前市场价格在 200 元到 280 元每千克，即每年产值在 240 万到 504 万，除去饵料成本，每年能盈利 180 万到 400 万左右。养殖石蛙的带动性是很大的，养蛙排出的水营养丰富，非常适合养鱼、鸭，养殖黄粉虫、大麦虫。蚯蚓供应养石蛙的同时，多余的蚯蚓、虫粪又能供应养鸡户、养鸭户、养鱼户，养殖蚯蚓需收购养牛户的牛粪和养猪户的猪粪，能带给畜牧户收入。

目前，在吴雄的带动下，全县及周边已有 20 余农户在养殖石蛙或正在兴建基地。吴雄表示，在今后的石蛙仿生态养殖上，将按照通城县的养殖发展思路，力争 5 年内将苔源村发展成专业养殖石蛙村，带动更多的山区农民走上共同致富的道路。

幕阜山区茶飘香

——记省农函大通城分校学员、
通城县茶叶科技示范户吴海燕

吴海燕,今年47岁,通城县茶叶科技示范户。近几年来,在县农业局的帮助与指导下,吴海燕大力发展有机茶生产,在实现自身经济效益的同时,示范带动茶场周边27位农户开发茶园28亩、恢复茶园40亩,实现了以茶叶为载体,带领农户增收致富。

20世纪80年代初,吴海燕从部队退伍后从事茶叶经营。经过近30年的努力,积累了一定的茶叶经营经验和资金,深知要想在茶叶行业进一步发展,必须拥有自己的茶叶生产基地,于是,他先后承包经营了6家茶厂(场),但规模和档次都与自己的想法有一定差距。2007年,在县农业局的帮助下,吴海燕承包了马港夏江源茶场和县茶叶加工厂,其中夏江源茶场有茶园面积300余亩。根据县农业局的指导意见,他将发展的重点放在夏江源茶场,积极发展有机茶生产;将县茶叶加工厂的发展方向主要定位在承接全县的茶叶精制、加工和包装业务。

思路决定出路。吴海燕在明确了茶叶发展方向后,先后在茶场改建了养猪场,猪舍面积1000余平方米,建设了两个30立方米的沼气池,用沼气做燃料,沼液种茶,大力发展有机茶生产。茶场不但顺利通过了国家有机茶生产认证,茶叶产品出口欧盟和日本等国家,而且年出栏生猪 600 余头,产茶 1200 担,有机茶叶产品供不应求,销售前景很好。

为进一步提高茶叶生产、加工及经营的理论知识与实践能力,2008 年,吴海燕积极报告参加了省农函大通城分校举办的茶叶专业创业培训;2009 年,县农业局启动实施"基层农技推广体系建设与改革示范县"项目,及时将吴海燕列为科技示范户培育对象,并安排吴海燕参加了中组部、农业部联合举办的农民创业培训;2010 年元月,县农业局又安排吴海燕参加咸宁市农业局组织的相关培训。

吴海燕

经过培训学习,吴海燕进一步转变了茶叶生产观念,着手建设生态茶园,大力发展循环农业。2010 年初,吴海燕买断了茶场附近 350 亩山林的 20 年经营权及山上近 30 亩面积的闲置厂房,租赁了茶场旁一座水面110亩的小(一)型号水库,配套建设了豆制品厂、养鸡场、养鸭场和一个100立方米沼气池,全面解决了养殖场排污和加工豆制品的燃料用气,形成"豆制品加工,副产品养猪、鸡、鸭,畜禽粪便生产沼气、沼液,沼液种茶、养鱼、养蚯蚓,蚯蚓喂鸡、鸭、鱼等"的生态产业链,将茶园建成高效、节能、环保、生态的循环农业企业。

由于近几年来对茶园的大量投入,茶树长势好,新芽萌发量大。在采茶季节,每天有数十人,多的时候有一百多农民上山帮助采茶,茶场经济效益逐年提高。

茶场附近的马港镇松港村农户在帮助吴海燕采茶的同时,也瞄准了茶场及茶叶商机,有意发展茶叶生产。吴海燕得知信息后,及时上门洽谈,承诺在茶园开发、茶叶生产、加工等方面给了无偿技术指导。吴海燕真诚的邀请、承诺的服务项目,打动了茶场附近的马港镇松港村毛招武等27位农户的心。2009年春,他们积极利用农闲时间开发茶园28亩、恢复茶园40亩。毛招武,40多岁,是马港镇松港村农民,全家五口人生活,祖上世代以种粮为生。多年来,家中有3个劳动力在茶场打短工,其中毛招武帮茶场从事茶园修剪、施肥等工作,妻子和女儿帮茶场采茶。去年春,毛招武在县农业局、县农函大分校专业技术人员的指导下,将家里的3亩残次林开发为茶园,在茶园整地、茶苗引进、定植等环节,吴海燕给予全方位服务和全程指导。在吴海燕全心全意的指导和毛招武的示范带动下,茶场周边的马港镇程坳村1组,结合整体搬迁,组里农户决定将全组的旱地、残次山林进行全部开发,建设有机茶园。

为带动农户发展茶叶生产,2009年3月,吴海燕注册成立了"夏江源茶叶专业合作社",对社员的茶叶鲜叶按每公斤60元的保护价收购,社员的每亩茶园收入达3000余元,当年发展社员50多人。合作社的绿茶远销到了欧盟、红茶远销到了非洲,供不应求。

今年一开春,针对合作社的茶叶订单如雪片般飞来。吴海燕在县科协农函大、县农业局的大力支持下,联合大柱山茶场、宝塔茶场、国庆茶场、县茶叶加工厂等七家县、镇茶叶生产加工企业,在"夏江源茶叶专业合作社"基础上,成立了"霞光茶业专业合作社",发展社员100多人,茶园面积达到2100多亩,合作社对社员的茶叶鲜叶按每公斤120元的保护价收购,社员今年每亩茶园的收入达到6000~7000元,较上年增加50%以上。

吴海燕创建的通城县马港镇程坳村茶叶、油茶科普示范基地,采用生态循环种养模式带动当地及周围农民实施循环立体种养殖,产生了较好的经济效益和社会效益。基地会员户均年增收3万元以上,周边农户户年增收5000元以上。基地生产的霞光牌系列有机茶通过了国家"职业健康安全管理体系GB/T28001-2001""环境管理体系ISO14001:2004""食品安全管理体系ISO22000:2005"和"质量管理体系ISO9001:2008"认证,成为通城县有机茶当家品牌。

深山里的"茶星"梦

——记省农函大鹤峰分校学员、鹤峰县兴农致富之星张云

张云,男,土家族,高中文化,中共党员,茶叶种植科技示范之星,容米茶业的创始人。在党的富民政策鼓舞下,他立足当地实际,在增收致富的道路上带头发展茶叶产业,并且致富不忘左邻右舍,带领周围群众致富。他思想活跃,刻苦钻研学习科技文化知识和实用技术,经常参加鹤峰县农函大举办的各种培训班,在当地是一名远近闻名的优秀新型农民。

地处鹤峰县容美镇溇水河中游大山深处的长岭村四组,张云家的茶园一片葱绿。据了解,今年采摘春茶鲜叶近5万斤,加工名优茶1.25万公斤,大宗茶3万公斤,茶叶销售收入累计达450万元,一举成为该镇茶叶产业致富的"新星"和典型。

长岭村位于溇水下游左边的回水凼,全村6个组,500余人,穷得叮当响,虽说土壤肥沃气候好,孑遗植物多,但交通闭塞,到县城走水路是逆水行舟,走旱路是经奇峰上八峰,来回70余里,生在此地的人生活难,有点物产卖不出去,满山是茶树,收拢来没有几亩。

鹤峰山青水碧,四季云雾缭绕,自然环境极为优异,是茶叶生长的天然乐园。此地的茶叶栽培、采摘,加工,流通历史悠久,据史

志记载,有600多年的茶叶生产历史。明、清时鹤峰茶被列为宫廷上乘贡品,称之为"茗贡";前清时期创制出的绿茶"容美茶"蜚声海内外,出口到欧洲各国,英国人称"容美茶"为"皇后茶"。同治《鹤峰州志》载:"容美贡茶,遍地生植,惟州署后数株所产最佳。署前有七井,相去半里许,汲一井而诸井皆动,其水清冽甘美异常。离城五十里,土司分守,留驾神仙茶园二处所产者,味极清腴,取泉水烹服,驱火除瘴,清心散气,去胀止烦,并解一切杂症。"容美绿茶早年成为土司向皇帝进贡的珍品,传说皇帝饮容美绿茶时,曾看见一对白鹤,并有紫气升腾。迄鹤峰民间仍流传着用白鹤井的水冲泡容美茶,杯中茶叶似一只只白鹤展翅欲飞,故有"白鹤井的水,容美司的茶"的美好传说。顾彩访古容美时,亦留下了"惊世鹤之峰,绝代容美茶"的名句。

在镇党委、镇政府的帮助下,张云积极参加县农函大的学习,在掌握扎实的理论知识后,他因陋就简,拆掉住房做厂房,建起了张云茶叶加工厂,并立下宗旨:用心做人,用心做茶,茶厂取名"心牌"茶厂,茶厂主要是生产一芽一叶或一芽二叶的名优高档茶,彻底改变过去一把抓卖多少算多少,把茶当副业捞几个油盐钱的观念。他联合镇农函大及农业服务中心办采茶培训班,到各家各户指导采茶,种茶、收茶时按好茶好价、粗大叶低价甚至不收的原则教育了广大茶农,从此长岭村"心牌"茶厂的名优茶出名了。现在的"心牌"茶厂注册了"容米"商标,质检等手续一应俱全,已跻身入全县名优茶厂行列。

张云发展茶园,兴建"心牌"茶厂,全年吸收农民工和县城采茶工30余人,增加了他们的收入。

为了改变茶树"满天星"的祖宗茶,张云贷款借钱租赁空白地发展无性系良种茶园50余亩,在农业中心的长期指导和农函大的各类技术支持下,现在长势良好,多数已开采投产了,这一下带动了全村6个组的农民发展密植茶。2005年前全村茶叶产量只有1万余斤,茶叶产值4万余元,人均茶叶收入80元左右;现在仅名优茶产量就高达2万余斤,产值80余万元,人均1330元,增长十多倍。到2014年,全村已有3000亩高标准的茶园。除此之外,"心牌"茶不断发掘鹤峰历史名茶品牌,挖掘、整理民间"容美茶"原始生产工艺,在"容美茶"传统加工工艺的基础上,提炼、创新、研制出的新一代容米贡茶,以其色泽翠绿、栗香醇厚、回味甘甜的品质,再现"贡茶"的高贵品位。"容米贡茶"是精心选用清明时节一芽一叶和一芽二叶初展的鲜、嫩、匀、齐的优质鲜叶,在"容美茶"传统加工工艺的基础上提炼、创新、研制出的新一代名优茶,彰显鹤峰名茶"形奇、色奇、汤奇、昧奇"的四大特点,赢得市场的广泛认同和赞誉。自上市以来,心牌茶厂的名优茶收购价格今年始终维持在每公斤20~80元高位,大宗茶也保持在每公斤3元以上。据初步测算,仅春茶一项,长岭茶农平均每户增收在1000元以上。

张云生产的茶叶,基本上刚生产出来就被客商拉走了,尽管周边奇峰、八峰、太平、下坪各地都有鲜叶送来,但仍然货源不足。

通过办厂以来,张云现有加工固定资产达80多万元,年利润30余万,从此改变了村民贫困面貌,个人家庭也由穷变富了,仅在城里租一间门面年租金就是几万元,内还设有茶叶保鲜冷库,这是前几年不敢想象的事情。长岭村是个特产丰富但很贫困的村,有了茶叶产业的带动,长岭村如雨后春笋般的蓬勃发展,加之国家的政策好,农民种田有补助,种植管理技术上有保障,农业税也免了,这对农村发展、农民致富有极大的促进作用。有政府的扶持,加上自己不懈的努力,茶叶科技示范户张云终于实现了勤劳致富的"茶星"梦。

张　云

张云是农民的孩子,奉献精神和开拓精神已深深植根于他的心中;他艰苦创业,带动了一方群众的致富奔小康,成为人见人夸的能人;他富不忘本,为村中公共事业捐款;他是一个平凡的人,是靠劳动致富的千千万万个农民的杰出代表。他被评为村中"优秀致富带头人",获得了群众的认可与拥护。

　　每当提起张云时，村民都会竖起大拇指，交口称赞。他在农民中树起一面带头致富旗，创先锋争优秀，是当地村民学习的好榜样。

　　现在，张云是村党支部书记、村委会主任。闲谈之中，笔者问他，办起这么大的茶厂，你还有精力来操持村务吗？他笑着说，村里选择我当书记、主任，是全村老百姓对我的信任和依赖，再苦再累我也要多承担点，我要带领老百姓发家致富。

　　这就是张云，一个怀揣理想与信念的新型职业农民的代表。张云还说，我取得的成功，离不开党委和政府的大力支持，离不开当前国家大力实施的各项惠农政策，为了使产业建立起来，农函大多次给我们提供政策扶持和技术帮助，让我们少走了许多弯路。

　　"激情点燃青春，创业成就梦想"，相信在党和政府的关怀下，在父老乡亲的支持下，张云坚信自己一定能够在自己的人生画册上浓墨重彩地描绘出更绚丽的色彩，把家乡的茶叶产业做大做强，带动家乡走向富裕、繁荣，带动父老乡亲奔向小康！

草莓发展的引路人

——记省农函大沙市分校学员、
荆州市沙市区锣场镇草莓种植协会会长张方雄

沙市区锣场镇锣场村所属 8 个村民小组,总人口 1109 人,农业劳动力 548 人,现有农艺师 3 名,农民技师 20 名,农民技术人员 50 名,科技示范户 20 户,草莓种植面积达 1500 亩,大棚约 600 个,是全镇的农业大村,年经济效益 2000 万左右。锣场村党员班子成员张方雄,在农村产业结构调整中,解放思想,大胆创新,勇于实践,将所学草莓种植技术不仅运用于实践中,更重要的是带领全村人民发展草莓种植,走上了共同富裕之路。2007 年草莓种植协会被湖北省科协评为"科普示范助力新农村建设"项目,争取奖补资金 10 万元,张方雄被省评为"种植十佳带头人"和沙市区"拔尖人才"。

下定决心苦学本领

随着改革开放的不断深入,党对农村政策的逐渐落实,全国上下重视农村、重视农业、重视农民,使得农民的积极性空前高涨。

锣场镇锣场村的支部书记卢昌寿在全村党员干部致富奔小康动员大会上激动地说:"现在各级党组织对我们农民无微不至的关怀,为我们农村的发展提供了政策保障,也给我们指明了方向,以后的路要靠我们自己去走,我们决不能辜负组织对我们的希望啊!"这让张方雄暗下决心,作为村里最年轻的党员干部,一定要学好一门致富技术,一定要带领一方群众走上富裕之路。

1999年,张万雄四处求经,一有空就跑到市、区农贸市场走一走,看一看,了解农副产品销售情况。2000年春节时节,当张方雄再一次走进农贸市场,发现一群人围着一个草莓水果摊,抢购新鲜草莓时,引起了他的重视,一直等着、看着草莓业主卖完草莓收起称准备回家时,他才连忙上前询问其销售情况。询问当中张方雄了解到,草莓业主姓唐,是浙江金华人士,1996年与同乡一班人来内地种植草莓3年,草莓销售行情一直很好,春节期间高达25元/斤,平时销售15~20元/斤,最低的价格也是10~15元/斤。

听完后,张万雄细心盘算起来,一亩地可以收草莓7000斤左右,一亩一年收入上万元,是种粮食的十几倍呢!要是能把他们引进我村来,那该多好啊!那一天,张方雄怀着激动的心情回到家。

春节刚过,张方雄就把这件事告诉给村里书记、主任,谈了自己的想法。书记、主任也非常支持,村主任黄祥林同他一道找到了浙江唐老板,三次上门的诚心和优惠的土地租赁方式,终于打动了唐老板的心。

2003年3月,唐老板带着他一行6户来到锣场村,以每亩400元的价格一次性承包了村办公室旁的20亩责任田,种起了草莓。

这一年,张方雄拜他们为师,一有空就钻进他们的草莓大棚,问这问那,学习草莓种植经验,并专门购买了草莓种植光碟在家里反复观看,对照光碟与实践相结合,仔细捉摸草莓种植的各个技术环节,并在唐老板的帮助下,张方雄试种了3分地,一年下来确实不错,经济效益十分可观,3 分地收入达到 5000 元,这一下增强了他种植草莓的信心。

张方雄

勇立潮头大胆实践

3 分田的种植效益激发着张方雄那根想带动全村人致富的神经。村组织引进了浙江老板,自己也跟着学习了技术,不种植,不实践,小打小闹不成气候,失去了机遇不可能再来。张方雄不停地思考着,一定要把这项事业做起来。

2001 年,张方雄把家里承包的 3 亩地全种上了草莓,当时他心里还是虚的,虽然去年学了点技术,但是这大的规模还是有点害怕,而且投资也不小,3 亩草莓要投入 2.5 万元。但是他又想,人家种植草莓能赚钱,难道我种植草莓就得亏吗? 我作为一名党员,一名干部,不亲自实践,不亲自示范,其他群众又怎么能相信?又如何带领村民共同发展呢? 于是,张方雄和妻子一起把床头搬到田边,搭起了窝棚,开始了草莓种植试验,一边种植一边摸索经验,从整地到培厢,从移栽到打叶,从施肥到浇水,直至搭棚、温度、湿度的情况,他都一一做好记录,包括每笔支出、每一笔收入都认真记载。一边实践,一边总结,试种时,最使他感到头痛的是水分的掌握,特别是连降暴雨,草莓湿度过大容易烂果,棚里温度过高,缺乏水分也容易烧死。因此,他每天三更半夜都要好几次起床进棚看一看,观察情况,探索什么情况下喷水,什么情况下开门通风最合适。在他的精心照顾下,草莓生长十分旺盛。一年来,5亩草莓共收获2万斤,毛收入达20万元,除去开支,纯收入十几万元。

看到这大把钞票,他的妻子满心欢喜,种田以来从没有过这么多的收入! "电教兴村"活动中,张方雄根据个人的实际向村委会讲解了自己种植经历,并提出在村委会先要求党员干部"科技致富、带头致富"的想法,于是2006年村里正式成立了以张方雄为会长的锣场村草莓种植协会,让村里党员干部先入会当先锋,当年村草莓种植面积达到300亩,经济效益达到480万元。2007年草莓种植协会被湖北省科协评为 "科普示范助力新农村建设"项目,争取奖补资金10万元。

诚心为民甘愿奉献

锣场镇锣场村草莓种植协会通过几年的试验证明,草莓种植在锣场村可以推广,不是浙江人的专利,当地群众也能掌握,成为致富的"摇钱树"。于是,张方雄毫不保留地把自己种植草莓的成功经验和盘托出,在全村推广。至今在他的帮助下,锣场村已经有200多户村民在种植草莓,种植面积达1500多亩。锣场村草莓种植协会组织也由原来的十几户发展到现在的200多户,成员由原来的十几名发展到现在的200多名,锣场村也因此成为远近闻名的草莓第一村,经济效益现在已达到2000万元左右。

草莓第一村——锣场村

在协会的带领下,草莓种植也影响和辐射到周边的几个行政村。全镇将锣场村的草莓种植作为农业发展的新模式、新型农业技术在全镇推广。张方雄作为全镇的农艺师,坚持每年开展草莓种植技术培训讲座 10 场次,根据各村、各户种植情况,不定期地开展技术辅导。2014 年,沙市区农函大分校在观音垱镇举办了草莓种植培训班, 张方雄积极为全区报名参加培训农户进行了培训,并带领村里技术专家到全区农户家里进行指导。现在,在他的直接指导下,已有 20 户农户由原来的亩效益 5000 元发展到亩效益 15000 元,真正尝到了致富的甜头。

看到全镇如此繁荣的发展草莓种植,张方雄又深入思考如何让产品赢得更高的信誉度,打开属于锣场村草莓种植的销售市场。于是张方雄又带领锣场村草莓种植协会,向省、市农科院专家请教,并主动拿出 10 万元,成功注册了锣场草莓产品商标——"奇丽味"。如此一来,锣场镇的"奇丽味"草莓不仅在荆州市场占领了一席之地,更为种植农户种植增添了强有力的信心。

张方雄狠下决心,始终抓好草莓产品的质量关,为草莓在更大的市场上销售奠定了坚实的基础。现在草莓种植面积达 1500 亩,大棚约 600 个,年经济效益 2000 万左右。

张方雄作为锣场镇锣场村草莓种植的引路人,一路艰辛、一路坎坷只有他自己最清楚;为别人带来了欢乐、甜蜜和幸福,他也很满足。为了锣场村草莓种植协会的发展,凭着自己的意志和奉献精神,张方雄仍在不停歇地思索和奔忙着……

退伍不褪色 创业竞风流

——记省农函大谷城分校学员、谷城县山水班河退伍军人创业园经理张建武

张建武2008年退役回到家乡后，选择了在家创业发展。从当初的黑猪、山羊、土鸡养殖，已经发展成为集生态养殖、黄酒酿造、乡村农家乐为一体的综合性创业项目，并建立了"山水班河退伍军人创业园"。张建武在从未涉足的领域干得风风火火，在平凡的岗位上体现出军人的坚毅和执着，书写着永不褪色的青春。

2013年12月，由襄阳市创业服务局、襄阳广播电视台联合举办的第二届全民创业挑战赛评选活动中，张建武带去的创业项目——生态养殖及生态旅游服务，以459分的总成绩，在300多个项目中脱颖而出，获得唯一的一等奖。

张建武从部队退伍已有7年多，但一直保持着一身军人装扮，脸上总是充满着自信而坚毅的微笑。然而，这个28岁血气方刚的青年有过怎样心酸的创业经历，却很少有人知道。

他是一名来自农村的退伍军人。6年前，张建武放弃部队留队指标和深圳特区良好的待遇，怀揣着8万元退伍费毅然回到家乡，他曾暗暗鼓励自己，要努力在家乡干出一番事业。

回到家乡后，他利用家乡山场面积大的优势，决定和合作伙伴搞黑土猪生态放养。梦想很美好，可现实却很无奈。当他把退伍

费和借款、贷款全部投入进去准备大干一场时，一场突如其来的大雪给他的黑土猪养殖带来了沉重的一击。当时由于大雪导致畜禽没有草料吃，而后又感染了疫情，致使初次创业的他损失10多万元。然而，小小的失败并没有使他气馁，他决定从失败中吸取教训，总结经验。

这年春节他只在家吃了顿团年饭，大年初一就又来到了山上。在山上通讯信号不好，交通也不好，每天接触的人也比较少，但是在部队上的经历锻炼了他这种坚毅的性格，就是说做每一件事都要相信自己能坚持下去。每当遇到困难，他最喜欢的一句话："相信自己，加油！"在之后的时间里，他集中所有的时间和精力，利用农函大和农村现代远程教育平台，学习养殖知识。功夫不负有心人，通过这几年的努力，掌握一定的养殖技术，正是有技术支撑，他大胆发展，目前，存栏的种猪有100头左右，培育的仔猪有300头左右。张建武终于品尝了收获的喜悦。

在发展养殖的同时，张建武十分关注周边生态旅游开发。班河是流经五山镇的一条河，长达百里，发源于房县、丹江口、谷城三地交界处。这里山奇、水秀、林茂、石美，乌龟石、嗍马沟、黑龙潭、怪石滩等景点令人流连忘返。近几年，慕名来此采风、自驾游、开展户外活动的游客逐年增多，2013年达上万人次。张建武在部队时，多次组织驻地周边群众参加军地联谊活动。他发现，群众对军旅生活比较好奇，参与的热情很高。这让他产生了从事军旅生活体验项目开发的想法，于2011年流转了100余亩依山傍水的林地。

张建武深感农村退伍军人创业的艰辛，总想着为退伍军人创业做点事，于是2013年下半年在五山镇班河成立"山水班河退伍军人创业园"。目前,已有5名退伍军人、2名返乡青年、2名外地大学生加入他的团队。开发了多个项目:军旅体验、素质拓展培训、峡谷探险、露天烧烤、餐饮住宿、特色种植养殖等。

张建武

班河旅游具有季节性,除夏季经营旅游接待外,张建武确立了淡季养猪种菜、秋冬季酿造云雾山黄酒和野生猕猴桃酒的规划。云雾山中生长着大量的野生猕猴桃,由于交通不便等原因,一直未得到利用和开发,张建武出生于黄酒酿造世家,2012年,他决定酿造野生猕猴桃果酒。在姑姑张玉荣的指导下,酿造的猕猴桃酒酸甜可口,深得游客喜爱,通过口口相传,许多人慕名来买。2013年底,张建武带着黄酒和猕猴桃酒到襄阳市区参加展销,黄酒卖到15元/斤,猕猴桃酒卖到60元/斤,他开发出的产品得到了市场的认可。

经过三年创业的磨炼和积累，目前，山水班河退伍军人创业园已经建起用于长期保存黄酒和猕猴桃酒的酒窖，平整了万余平方米的场地，集旅游接待、休闲娱乐和小型会议承接为一体的建筑群正在建设之中。

酒香也怕巷子深。张建武认为如今各行业竞争激烈，要用合理有效的宣传方式推广产品，正确纳入重点工作计划。他开始参加年货会、五山镇年俗文化节等各种产品展销会。2013年，他参加襄阳市第二届全民创业挑战赛，在300多个创业项目中脱颖而出，获得一等奖。

此外，张建武还在襄阳市区和谷城县城设立了专卖店，与其他专卖店及五山镇30多家农家乐开展寄售代售活动，产品供不应求。今年初，仅野生猕猴桃酒就卖了10多万元。

知识累积是成功的根本。张建武在襄阳市创业服务局的推荐下，报考了襄阳市卧龙商学院，成为该学院最年轻的学员。每天早上4点多，张建武就出发去上课。为了省下住宿费，晚上他带着被子睡在面包车里。

耐得住寂寞，扎根大山7年，只为实现梦想。当被问到如何应对深山的枯燥，张建武坚定地回答："有梦想就不孤独。"张建武透露，下一步将以黑猪放养、黄酒和果酒的酿造为特色。黑土猪放养计划是建立自己的生态放养品牌，3年内迈入襄阳市龙头企业的行列，5年内跨入湖北省龙头企业；生态旅游观光初期计划用一年时间基本完成200人以内的餐饮、住宿、娱乐等项目。同时，持续打造以军旅体验、旅游接待为特色，探索一种以军旅和生猪为主题的创业模式。他表示，通过这种创业模式，保持军人的品质，做到退伍不褪色。

"土专家"创造"洋"模式

——记省农函大枝江分校学员、
枝江市双杨脱毒马铃薯产销协会会长陆诚之

　　6月初的一天,枝江市和当阳市的许多农民和商户,不约而同慕名来到了问安镇双湖村四组,参观共产党员、村团支部书记陆诚之种满洋芋的农田。这儿有什么新鲜事?怎么会吸引这么多人来?只见陆诚之走到田间,用手扒开在地面上的稻草,一串串光溜溜、黄灿灿的洋芋整齐裸露出来,要想收获根本不用挖,而是可以直接捡取。对此,来访者惊叹不已,纷纷购买他种植的这些洋芋。这一块5亩地2万斤的洋芋成熟刚一个星期,就被抢购一空,纯收入2万多元。

　　陆诚之向来访的农民和商户介绍说,我们当地俗称为洋芋的就是马铃薯,他种植的马铃薯不是普通的马铃薯,而是从安徽省引进的优质脱毒马铃薯,产量高,品质好。特别是他彻底打破了当地的传统种植模式,由一季油菜两季稻谷转变为两季脱毒马铃薯一季稻谷,既减轻了繁重的体力劳动,又给种植户带来十分可观的经济效益。他的这一成功经验受到远近广大农民和有关农业专家的充分肯定。

　　要知陆诚之这位年轻的"土专家"研究"洋"模式的事还得从头说起。

2005年7月，年仅19岁的陆诚之高中毕业后毅然选择了回乡务农。他爱自己的家乡，因为他的家乡枝江市问安镇是宜昌市的第一粮仓。他怀揣着要让黄土变成黄金的梦想，试图用自己的努力来早日实现。可回乡之初却事与愿违，尽管他和父母每年耕种近11亩的水田，每年种植一季油菜、一季早稻、一季晚稻，每季不仅经过翻耕、播种、育苗、田间管理、收割等多项农事，而且付出艰辛的体力劳动和较大的农业投入，但是这三季下来每亩地纯收入却只能达到2000元。当他看到每年数十吨的稻草白白烧掉，更加觉得可惜。他反复思考，如何改变这种费力不讨好的农业种植模式，从而既能减轻体力劳动，又能增加种植户收入的问题。

2008年8月，陆诚之从《湖北农业科学》杂志上发现了稻草全程覆盖种植脱毒马铃薯技术，不仅可以打破传统的农业种植模式，又能一举多得。其种植模式为：一年种植两季马铃薯和一季中稻，既省劳力，又能增收，还可将稻草废物利用和改良土壤，符合"资源节约型、环境友好型"的两型社会要求。

当年9月，小陆从安徽省引进了优质的脱毒马铃薯种，在自家水田里试种了800平方米。为获得成功，他一方面向科技书籍杂志学习，另一方面向省农函大教师、枝江市农技推广中心副主任淡育红和宜昌市农技推广中心高级农艺师余文畅等专家学习请教。9月上旬，他家收获完中稻，根据拜师学艺和书本得来的技术，他对试种脱毒马铃薯的稻田改变原来的"翻耕"实行"免耕"，下薯种改由原来的用土覆盖"种薯"改为在稻田上"摆薯"，然后用稻草再覆盖。经过他的精心管理，12月份终于收获上市，一举获得种植成功,当年这块试验田收获脱毒马铃薯 3000 斤,收入 3000 元,比种晚稻多收入 1200 元。

陆诚之的脱毒马铃薯

　　第二年 1 月上旬,陆诚之将种植脱毒马铃薯的面积扩大到 2.6 亩,对原来的农田同样进行免耕,只开箱沟用于清渍排水,然后下足底肥,将种薯摆在田地上,最后覆盖上稻草,同时还在稻草上面覆盖一层地膜,以便保温,2 月份薯苗长齐后移走地膜。经过后期科学的管理,到 6 月 5 日全部收获上市,亩产达到了 8000 斤,亩收入达到了 8000 元,比种油菜亩收入多出 5000 元。6 月 10 日,他又开始像往年一样插中稻,9 月 10 日左右即收获。9 月 15 日他又开始种植了 2 亩多面积的脱毒马铃薯,到 12 月又收获上市了。这样两季脱毒马铃薯,一季中稻的种植模式获得完全成功。

　　从此以后,小陆每年都利用自家 2 亩多土地种植两季脱毒马铃薯,一季中稻。2013年初还租种了当地农户5亩沙壤田地种植脱毒马铃薯,仅此处一季收入2万多元。实践证明,他的"洋"模式,比当地传统的油稻种植模式既省力又增收,为地方农民增产增收闯出了一条新的种植模式。

陆诚之向笔者还介绍了稻田免耕、稻草全程覆盖种植马铃薯新技术的三个突出特点和种植技术。其特点一是通过"三改"大大减轻了劳动强度。即耕作时改"翻耕"为"免耕",只分厢开沟;下种时改"种薯"为"摆薯",将种薯直接摆放在稻田的土面上;收获时改"挖薯"为"捡薯",绝大多数薯块生长在土表,拨开稻草就能收薯,免去了常规栽培收薯时将整块地人工翻挖一遍带来的劳累。二是解决了稻草出路问题。稻草经日晒雨淋由下而上逐渐腐烂,增加稻田有机质含量。三是大大提高了经济效益。综合以上三个特点来看,"三改"减轻了劳动强度,提高了劳动效率,节省了用工,降低了生产劳动成本;稻草全程覆盖除调节温度和湿度以外,还控制了病虫害的发生,既不需要施用农药和除草剂,达到了安全、卫生、无公害目的,又降低了生产成本;收获时薯块带土少,色泽光亮,无需清洗;破损率低,耐贮藏和运输,商品性好,可分期分批上市,经济效益显著。这就是为什么陆诚之种植的脱毒马铃薯非常畅销的原因。

由于陆诚之具有成功种植脱毒马铃薯的经验,他作为全宜昌市唯一的农民代表,于2009年8月参加了湖北省农业厅组织的种植脱毒马铃薯专家学术研讨会。湖北电视台垄上行频道、宜昌三峡电视台、枝江电视台等多家媒体,曾先后多次报道了他探索新的农业种植模式的成功经验。

2012 年 6 月 20 日，由陆诚之牵头成立了枝江市双杨脱毒马铃薯产销协会,陆诚之担任会长。目前已有 100 多个农户申请入会,涉及全市马家店、问安、仙女等乡镇。目前该协会实行统一引种、统一技术指导、统一指导销售的生产经营方式。

谈到未来枝江市双杨脱毒马铃薯产销协会的打算时,年轻的会长陆诚之充满信心。他打算走机械化生产、深加工脱毒马铃薯的路子,申请注册"问安双湖"脱毒马铃薯商标,依靠"协会＋农户"的发展方向,不断扩大种植规模,用新的农业种植模式为农业节能增收,实现生态环保。

万花丛中的酿蜜人

——记省农函大沙市分校学员、荆州市振飞养蜂专业合作社理事长陈启秀

陈启秀，现为振飞养蜂专业合作社理事长，生于1970年12月。1995年12月起开设蜂蜜专卖店，2008年注册"振飞"牌商标，2010年4月成立荆州市振飞养蜂专业合作社，2012年合作社新建了蜂产品加工厂。2013年1月取得全国工业产品生产许可证，成为沙市区第一家获得QS标志的合作社。2013年合作社社员达到212人，社员发展到外省市，蜂群数量达到2万群，合作社现有固定资产达到420多万元，年销售收入近五千万元。2013年4月荣获沙市区示范合作社荣誉称号；2013年11月荣获全国蜂农专业合作社示范社荣誉称号。2015年合作社产品成功在武商量贩、老乡特产、荆州印象、楚凤凰、健康药店、芙蓉兴盛等上架销售，并得到了广大消费者的认可。

人们常说，不起不跌是块死铁。陈启秀不愿做一块死铁，她要成为一块发光的金子。正是怀着成为金子的憧憬，1989年，陈启秀和丈夫一起干起了养蜂产业。起初家里一穷二白，除了40箱蜜蜂，几乎一无所有。为了养活成群的蜜蜂，陈启秀和丈夫只得靠贷款维持生计，日子过得紧巴巴的。

蜜蜂是随着花期迁移的，陈启秀和她丈夫像候鸟一样不停地

迁徙,一年四季走南闯北,没有固定的居所,大江南北洒下了他们辛勤的汗水。在丈夫打退堂鼓时,她总是劝说丈夫,人只要精神不垮,再难的坎也是能迈过去的。从那以后他们的生活包括衣食住行各方面一切从简,为了把养蜂产业办好,夫妻俩心里唯一的愿望就是盼望有个好天气,多采蜜,多挣钱。

春夏秋冬,暑来寒往,她和丈夫奔波在不同的地区。湖北、湖南、山西临汾、河北唐山、黑龙江、吉林、辽宁、内蒙古、四川,这些地方都留下了他们夫妻俩坚定的足迹,江汉平原、成都平原、三江平原,都是她放飞梦想的舞台。无论条件多么艰苦,陈启秀都挺了过来。她说:"只要有花,我就有梦想"。功夫不负有心人,她的执着收获了喜悦。油菜花蜜、枣花蜜、槐花蜜、椴树蜜、葵花蜜、枇杷蜜……这些蜜的成功酿造,是对陈启秀劳动成果的最好回报。

陈启秀

在多年的养蜂实践中，蜂群不断发展壮大，蜂蜜产量也随之逐年增加。巨大的经济效益给她带来了喜悦，同时也带来了发展壮大的新挑战，随着蜂蜜产量的逐年增长，蜂蜜销售成了难题。最艰难的时期是在1995年，那一年的销售收入不到正常年份的70%。她开始分析市场行情，跑市场。在宜昌她了解到市场上缺少纯正的蜂蜜，而且需求量很大，于是陈启秀决定在宜昌开设一家蜂蜜专卖店，蜂蜜专卖店设立后，当年销售收入就到达了3万元，1998年在宜昌开又开设了第二家蜂蜜专卖店，2002年又在宜昌开设第三家蜂蜜专卖店，销售收入成倍增长。

陈启秀在解决销售问题后，又遇到了货源不足的问题，为了扩大专卖店的知名度，2008年，陈启秀成功注册了"振飞"牌商标，所生产的油菜蜂蜜、紫云英蜂蜜、脐橙蜂蜜、枣花蜂蜜、野山花蜂蜜及蜂王浆、花粉、蜂胶非常畅销。为了达到生产联动效应，她决定扩大规模、牢牢站稳市场。2010年4月她创办成立了荆州市振飞养蜂专业合作社，将技术传授给周边农户及部分省市，吸纳蜂农29户入社，发展蜜蜂3420箱。

2012年合作社又在荆州市沙市区观音垱镇豉湖村二组投资280万元，新建了蜂产品加工厂。在湖北省质量技术监督管理局的指导下，合作社完成了蜂蜜加工厂厂房建设，新建了产品检验室。2013年1月取得全国工业产品生产许可证，成为沙市区第一家获得"QS"标志的合作社。同时，中国物品编码中心还给合作社颁发了"中国商品条形码系统成员"证书。2013年4月，合作社被沙市区财政局、农业局评为"示范合作社"。2013年11月，荆州市振飞养蜂专业合作社经中国蜂产品协会审议通过成为全国蜂农专业合作社示范社。2014年,沙市区农函大分校在观音垱镇举办了蜜蜂养殖培训班,陈启秀积极筹划并为报名参加培训的农户进行了辅导培训,结业后,还专门组织技术骨干为蜂蜜养殖农户进行技术跟踪服务,为广大农户的养殖增添了信心,也带去了无偿技术服务。2014年荣获了"湖北省用户满意产品"称号,同年合作社的"槐花蜜"获得第十一届中国武汉农业博览会金奖。

2014年,合作社的"振飞"蜂蜜进入武商量贩店、大润发超市、中百超市、沃尔玛超市及荆州市地方特产专卖店销售。同时继续扩大蜜蜂种群达到20000箱,实现蜂蜜年加工量500吨、蜂王浆100吨、蜂花粉70吨、蜂胶1.6吨、巢蜜40000盒,年销售收入达到4500万元。合作社以质量求生存,以创新求发展,将严格把好质量关,坚持"零"添加,在广大消费者支持下,将花与蜜的产业做大做强。

2015年合作社蜂群将发展到2.5万群,实现蜂蜜年加工量600吨、蜂王浆120吨、蜂花粉80吨、蜂胶1.8吨,巢蜜50000盒,年销售额将达到5500万元。合作社正筹备在武汉、荆州开设三家蜂蜜专卖店,同时加大与超市、药店的合作范围,扩大销售渠道。陈启秀坚信,有政府的支持,加之合作社技术和人力资源的独特优势,合作社一定会发展壮大,也有信心将合作社打造成为湖北乃至全国一流的养蜂专业合作社,促进蜂产品事业的发展。

种植苗木 带富一方

——记省农函大鹤峰分校学员、
鹤峰县兴林珍稀林木种苗种植专业合作社总经理陈善权

已步入知天命之年的陈善权，看似普通平凡，却有着一股吃苦耐劳、永不服输的创业精神。陈善权是鹤峰县五里乡上六峰村人，中共党员。他思想进步，刻苦钻研科技文化知识和实用技术，在当地是一名远近闻名的优秀新型农民。在党的富民政策鼓舞下，通过农函大的帮助，陈善权立足了当地实际，通过自己的不懈努力，带头发展林木种植产业，走上了增收致富的道路。更可贵的是，致富不忘左邻右舍，带领乡亲共同致富。

说起他的事迹，就不得不提当初参加农函大学习的事，他就是因为参加了农函大的学习，才有今天的成就。

陈善权初中毕业后，走上了打工道路，经过了多次的辗转，也经历了不少艰辛和挫折，最终决定回家创业，在家乡干一番事业。

回到家乡后，苦于找不到好项目，也缺乏各方帮助和技术支持，他并没有盲目地创业，而是到处走访学习。经过四处调研，结合家乡实际情况和资源优势，他看好了苗木种植，认为是一个不错的致富项目。1995年，湖南省客商到村里采购马褂木时，其购价昂贵，效益不错，更加坚定了他培植苗木走致富路的想法。于是，经过了再一次深入的市场调查，他发现，随着城市园林的发展，市场对苗木的需求定会逐年看好,发展苗木业,种植马褂木将是一个不错的致富项目。

培植苗木,技术是关键。1996 年,陈善权报名参加了省农函大鹤峰分校苗木种植技术培训班,这对于他来说是一次很好的机会,他下定决心要好好利用这个平台学习更多的科技知识,并将知识传授给广大的乡亲们。通过在农函大一年的学习,以及自购大量书籍和技术资料在家里潜心钻研,他掌握了有关苗木种植的一整套技术要领。

万事俱备,只欠山地和资金。陈善权东拼西凑,向左邻右舍借、找银行贷款,加上自己的一些积蓄,勉强凑足了十余万元。可是只有山地那几亩远远不够,需要寻找大面积的山场、农田。在乡领导和村民的大力扶持帮助下,1998 年, 陈善权与村里签订了荒山承包合同,当年便开发了 70 亩,先后投入资金十余万元,发展以马褂木为主,以七叶树、红豆杉、青钱柳为辅的苗木种植。

一般情况下,如果技术不精,种子成苗率低,培植一亩马褂木苗要耗费 70 多公斤种子。但陈善权运用他所学到的那一套成熟的育苗技术,马褂木每亩消耗种子降到 25 公斤,且苗木长势好,在 2002 年创下了亩收入 1 万余元的新高。培植出来的树苗枝条苗壮,长势极好,木质化程度高,根系发达完整,在市场上供不应求,取得了丰厚收入。他积极吸纳周边农户到苗圃场打工,带动农户就业。为扩大苗木种植知名度,在 2003 年注册成立了"鹤峰县蓝天苗木公司",当年种植经营面积扩大到 500 亩。

随着培植苗木种类的越来越多, 陈善权不仅要当好"技术员",更重要的是掌握市场行情,带领苗农培植畅销的苗木。陈善权走南闯北,拓宽销售渠道,培植的苗木远销江西、江苏、浙江、福建、四川、河南、湖南、山东等省。

正当大家沉浸于种植造林苗之时,陈善权又在发展其他珍贵苗木品种。十年前,他培育了"宝贝"的七叶树。2006 年,一位浙江王姓苗木老板了解到他家有七叶树苗,花了 3 万多元一下买走不到一万株的七叶树苗。左邻右舍看到了七叶树的行情和价值,也开始培育起了七叶树苗,目前村里有 50%的农户家种起了七叶树。在当初亲戚朋友都劝他,种马褂木收入蛮好的,种田人就是图个好收成,如果种七叶树和红豆杉一旦市场上没人要,即使当柴卖也无人要的,到那时就亏大了。陈善权却认为,随着城市的发展和人民生活水平提高,对生态环境的要求越来越高,而七叶树、红豆杉、青钱柳既有花又有果,既有很好的观赏性又有很高的药用价值,特别是青钱柳为我国独有的珍稀品种,对防止"三高"(高血压、高血脂、高血糖)具有很高的药用价值,前景势必会大好。

陈善权检查苗木

　　陈善权是一个有发展眼光的人，事实也证明了这一点。他的种植品种从最初以马褂木、厚朴、黄柏、紫玉兰等普通品种，发展到现在以七叶树、红豆杉、青钱柳、珙桐等珍稀品种为主的格局，建成了恩施州最大的"七叶树"苗木生产基地，每年都是全县造林绿化大户之一。发展"七叶树"等珍稀林木种苗种植，不仅盘活了上六峰村山场林业资源，还大大解决了当地农民就业问题，实现了当地剩余劳动力转移，解决了100多户村民的就业问题，并辐射带动周围群众发家致富，得到了当地广大农民的肯定和称赞，在林业经济发展方面起到了一个很好的示范带动作用。通过几年的发展，该村现已形成全县最大的苗木基地，苗木基地实现的年利润已突破百万，为全国的造林绿化提供了很多优质苗木，也为村经济发展、农民增收起到了很大的推动作用。

　　作为一名党员，陈善权始终致富不忘乡邻，把带领大家共同致富作为自己最大的义务和责任。不断鼓励周边的农户种植苗木，把自己探索出来的选种、催芽、病虫害防治、田间管理等技术手把手地教给苗农。在他的帮助下，全村走上了苗木致富之路。

　　陈善权2010年又和苗农一道成立了"鹤峰县兴林珍稀林木种植专业合作社"，2013年合作社被评为全州唯一的苗木行业州级林业产业化重点龙头企业，苗木专业合作社也因此生产规模不断扩大，合作社所辖三个村，现有社员136人，种植面积1500亩，销售收入突破1600万元，纯收入450万元。

　　在搞好林木种植、发展好合作社的同时，陈善权没有忘记村上的贫困户，时时关心着贫困户的生产、生活情况。张大叔是个双目失明的人，老婆去世后，全家3个人的生活陷入困境；老王全家

3个人,儿子上大学,妻子下肢瘫痪,生活不会自理,仅靠老王一人种地养家糊口,日子过得非常艰难。陈善权看在眼里急在心里,义不容辞地把这两户贫困户包了下来对口帮扶,帮助这两户搞好苗木种植,使他们有了一定的收入来源。

当初陈善权搞苗木种植赢得了丰厚的利润,虽然让村里人看得眼热,但谁也没有勇气去试一试。为此,古道热肠的陈善权亲自登门劝说,向他们传授经验,并把自己的货运信息提供给他们。功夫不负有心人,在他的劝说下,本村几个村民和他一起搞起苗木发展了。每当提起陈善权这个人时,村民都会竖起大拇指,夸口称赞。他在农民中树起一面致富带头旗,创先锋争优秀,是当地村民学习的好榜样。

"黄鳝王国"的领军人

——记省农函大仙桃分校副校长、
仙桃市强农水产专业合作社理事长邵自迪

邵自迪,男,1963年2月生,仙桃市郭河镇邵湾村人。现任仙桃市强农水产专业合作社理事长、仙桃市郭河黄鳝苗种繁养协会常务副理事长、湖北强农食品股份有限公司法人代表、湖北省农函大仙桃分校副校长、仙桃市人大代表。因对地方黄鳝产业做出了重要贡献,并致力于科技研发与推广,邵自迪于2013年获"全国五一劳动奖章",2015年获"全国劳动模范"等光荣称号。

邵自迪出生在普通农民家庭,自幼勤学好问,踏实好学。1984年7月,邵自迪从湖北农学院(现长江大学)毕业以后,率先在全市大面积推广池塘吊箱养鳝技术。俗话说,万事开头难。在周转资金短缺、经营经验匮乏的起步阶段,真可谓举步维艰。但他靠着一股钻劲,凭着一股韧劲,带着一颗热心,硬是克服了一个又一个困难。他坚守信誉至上、诚实待人原则,不怕吃苦,敢于拼搏,通过向同行学习,在实践中细心摸索,逐步积累、苦心经营,不断丰富自己的经营经验。在各级政府的大力支持下,在邵自迪的引领示范带动下,全市共建起黄鳝养殖基地12万亩,网箱养殖黄鳝160万口。当黄鳝养殖在全市推广开以后,邵自迪想到了如何错峰养殖、错峰销售,提高黄鳝养殖户收益。2007年7月,邵自迪开始做起

"两年段黄鳝养殖模式"试验,结果亩产增收 10000 元以上。2009年,这一成熟的技术在全市推广。目前,全市已发展两年段养鳝 4万亩,年增加利润 2 亿元。

2009 年 5 月,在邵自迪的发起下,成立了仙桃市强农水产专业合作社,注册资金 2000 万元,现有合作社社员 1181 人,拥有养殖面积 5 万亩,其中黄鳝养殖面积 3 万亩,小龙虾专、混养面积 2万亩,建设物流中转场地 10000 平方米,30 吨以上的活鲜运输车辆 30 台、5 吨以下周转车辆 20 台、专业运输销售团队 80 人。主营黄鳝、泥鳅、甲鱼、河蟹、小龙虾、田螺、黄古鱼等特种水产品收购、运输、销售,其收购资源网点分布我省江汉平原及湖南的华容、南县、临湘等县市,销售网点遍布于北京、上海、合肥、南京、常州、苏州、杭州、无锡、武汉、西安、重庆、成都、天津、广州、厦门、深圳等大中城市,年收购和销售黄鳝 4 万吨、泥鳅 150 吨、甲鱼 200 吨、小龙虾 300 吨、河蟹 300 吨、田螺 200 吨、黄颡鱼 100 吨,销售额达 16 亿元。

2010 年,仙桃黄鳝因品质优良,成为湖北首家上海世博会专供产品,在国内市场赢得了话语权,由此仙桃"黄鳝之都"的美名享誉全国。由邵自迪在多年的水产物流中经探索掌握的"黄鳝冷藏休眠运输"获得了国家技术专利。

合作社在邵自迪的带领下,明确了组织章程,制定了完善的经营管理制度、财务管理制度和人事档案管理制度。合作社每年 5月召开一次成员代表大会,每五年召开一次成员大会,民主选举理事长及监事会成员,严格实行民主管理,建立庸者下、能者上的激励机制。在运作过程中,从产品的收购、运输到销售,从人员的搬运工、司机到管理者等人员安排,分工明确,责任到人,从购进到销售直接与效益挂钩。为了提高服务质量,确保合作社利益不受损,同时对成员实行"四统一"管理办法:人员统一调配,运输车辆统一调度,市场供应销售量统一调剂,包装统一购置。定时发车和到达指定地点,以最优质的服务满足市场需求。

在全市黄鳝全面发展到 20 万亩,网箱近 1000 万口时,全市的黄鳝产量到 20 万吨以上,其中黄鳝苗种的需求达 5 万吨,苗种的来源单靠当地野生捕捞和外地购进来维持养殖,这样远远不能满足养殖农户的需求。因此,苗种贵、苗种差、苗种难进的矛盾不断突出。每年有 20%的农户"无米下锅",倍感绝望。苗种的难题已形成了黄鳝产业发展的瓶颈,制约了黄鳝产业的快速发展。为了打破这一瓶颈,在邵自迪等的倡议下,于 2010 年成立了郭河黄鳝苗种繁养协会,开始尝试黄鳝苗种的人工繁殖技术试验,并多方寻求技术合作,技术指导。

2012 年 4 月,在市科技部门的撮合下,合作社与华中农业大学水产学院签订了校企合作协议,引进"黄鳝性逆转和黄鳝苗种人工繁殖技术"、建立了仙桃市"黄鳝性逆转和黄鳝苗种人工繁殖技术示范基地"。基地投资 300 万元,占地面积 300 亩,新建了办公实验场所,投入黄鳝亲本 20000 斤,网箱 4000 口,苗种网箱 2000 口,聘请专业技术人员 12 人。在华中农业大学水产学院龚世园教授的指导下,当年人工繁育黄鳝苗种 300 万尾,目前黄鳝性逆转和黄鳝苗种人工繁殖技术成果中试已经成功。这一成果的转化,打开了黄鳝产业发展的瓶颈通道,破解了世界难题,创国内首例。

为了使该项技术发挥更大的社会效益，邵自迪首先是在郭河黄鳝苗种繁养协会会员中进行技术推广，专家教授是手把手地教，会员养殖户是虚心刻苦地学。再通过协会会员养殖户面向全镇和全市进行技术示范推广。为了让该项技术能尽快得以实践和广泛应用，2013年，邵自迪与市科协一起向省科协申请，经省科协审核同意后成立了湖北省农函大仙桃分校，并开设120平方米农函大培训中心，增添了电教设备和能容纳150人的培训桌椅，编辑了培训教材，长年开展培训活动，现已培训8期达1600多人，包括外省、市、县人员。

做大不是目的，做强才是追求。邵自迪并不满足现有的成就，他从设备、管理、技术、人才各方面进行大刀阔斧的改革，力争使企业上水平、上规模。2011年4月，合作社与江苏海涛水产公司合资创办了湖北强农食品股份有限公司，注册资金1000万元，现有固定资产6000万元，专业管理人员50人，公司占地面积40000平方米，其中精加工车间10000平方米，引进先进的小龙虾、泡藕带、烘干鱼等加工生产线三条，兴建占地1000平方米的科技大楼。

公司成立后一直以"注意科技，注重人才"为理念，争做科技创新型企业，争做科普示范型企业。2014年，公司与华中农业大学食品学院相继签订引进泡藕带、脆皮油瓜系列产品生产加工技术合作协议，引进其现代加工的新技术、新工艺，聘请了多名教授作为加工生产技术顾问，对泡藕带、脆皮油瓜加工生产的全过程进行技术指导。

在邵自迪的带领下，强农人凭借着坚持不懈的努力终于让

"沔洪牌"泡藕带和"农福泉牌"脆皮油瓜系列产品一炮走红,在众多同类产品中脱颖而出。2013年,"沔洪牌"泡藕带获得中国第十届中国国际农产品博览会金奖,2014年,"农福泉牌"脆皮油瓜获得第十一届中国武汉农业博览金奖。目前在全国各大中型城市,"沔洪牌"泡藕带供不应求,深受消费者青睐。产品还出口欧盟、韩国及港、澳、台等国家和地区。年加工生产泡藕带5000万袋、小龙虾100吨、脆皮油瓜系列50吨、烘干鱼200吨,产值近亿元。

邵自迪(右)代表仙桃分校接受省农函大赠送的科普书籍

饮水思源，富不忘本，坚持公益，回报社会。事业的发展，使得邵自迪在致富的道路上走在了前列，在艰苦的创业中，得到了家乡人民无私的关心和帮助。他有着浓厚的家乡情结，饮水思源，总想着为家乡的人民多做些贡献，为家乡的发展添砖加瓦。于是筹建了"仙桃市强农黄鳝养殖生产力促进中心"，依托省农函大仙桃分校，长年为黄鳝养殖户免费提供信息服务、技术服务、推广服务、疾病防治服务。截至目前，共免费培训养殖户2300人，分发资料6000份，引进人才6人，为黄鳝养殖户增加销售额2000万元。邵自迪将强农水产专业合作社的土地53000平方米，房产价值130万元，全用于社员生产资料贷款抵押赊购，为社员提供厂价优惠。2010年以来组织全体社员对13名养鳝受灾户捐款26万元，解决他们的实际困难。2011年8月以来，响应"金秋助学"号召，连续三年捐款共6.3万元，帮助困难职工子女入学。

多年来，邵自迪与养殖户坚持"合作社＋公司＋协会＋基地＋农户"的产业化利益联结机制，带动周边乡镇形成水产品养殖产业片区，并辐射到周边县市，直接带动项目区农户4500户，解决农村剩余劳动力6500人左右，社员人均增加收入12500元。广大会员和农户无不称赞邵自迪是"推动现代农业产业化发展的领头雁、群众致富的带头人"。

扎根基层写春秋

——记省农函大洪湖分校学员、洪湖市创业致富带头人罗新祥

　　罗新祥是洪湖市大沙湖南垸办事处新河口村一名普通党员,生于 1965 年,1997 年入党。1994 到 2000 年,曾担任大沙湖管理区南垸办事处青林渔场副场长,主管渔场生产工作。他从事水产养殖 20 多年,经营鱼池 90 多亩,靠发展水产养殖致了富,现年收入为十几万元,高的时候达到 20 多万元。在省农函大洪湖分校帮助和支持下,他积累了丰富的水产养殖经验,积极探索了一些水产养殖的新模式和新技术,带领附近的养殖户发展了虾蟹混养、小龙虾养殖、鳜鱼套养等新模式,多次被大沙湖管理区及大沙湖南垸办事处作为先进个人、优秀党员、创业致富带头人等表彰。

　　1997 年,罗新祥加入中国共产党,心中充满自豪感、责任感。随着时代的发展,他总觉得党员的先进性与群众的期望呈现了一定的反差,社会上的一些不良现象使他感到些许困惑与迷茫。通过认真学习党章,他认识到,作为一名基层党员也应有新作为!他决定发挥自己的专业特长,带领大家搞好养殖,改善生产条件,走共同致富的道路。

自力更生，带动群众改善生产条件促生产

1993年，罗新祥带领李尧川等7名同志来到新河口村改造了近500亩低产田养鱼，但贫瘠的地理环境（别人仅需1斤肥养1斤花白鲢，他们必须用到4斤），恶劣的生产条件（取水困难、电力不通、交通不畅），严酷的市场经济制约着他们的渔业生产，逐年亏损。几年下来，有些同志已捉襟见肘，无力进行再生产，鱼池抛荒现象十分严重。见此情景，他十分焦虑，找到洪湖农函大寻求解决办法。在洪湖农函大的帮助下，罗新祥改变生产方式，直接在内荆河取水，从水源上改善生产环境，又帮助困难户赊销生产资料，加大生产投入，这样提高了生产水平，收入也增加了。新年后，恰逢农村电网改造，虽然电网改造没有对鱼池上改造的计划，但他不等不靠，号召大家集资，利用农村电网改造的旧资源，出钱出力，迁移旧电杆，利用旧电线，变废为宝。经过千辛万苦，在没要政府花一分钱的情况下，终于使三相四线架设到各养殖池塘，从电力设施方面改善了生产条件。2014年，他又带头筹资，共筹集3万余元，组织养殖户们自己动手，铺设了一条2公里长直通鱼池的晴雨路，从交通方面改善了生产条件。水、电、路等生产条件的改善，为提高养殖水平提供了保证。

积极探索，引导群众调整养殖结构增收入

从2009年开始，罗新祥带头搞起了螃蟹养殖，虾蟹混养。几年来，他参加了洪湖市农函大多期养殖培训班，请农函大教师到养殖基地现场指导，帮助自己提高的养殖理论水平技术。实践中，

精选苗种,引进优良水草,养殖水平逐年提高,收入稳步上升,有了年收入超 20 万元的辉煌;他组织养殖户时常在一起探讨养殖经验,将自己领悟到的养殖理念与体会毫不保留地与大家交流。现在新河口村虾蟹混养面积近千亩,他组织大家统一购种、统一经营、统一销售,已成一定规模,昔日的低产田,现已变成金银窝。在他的带领下,附近养殖户的养殖水平也逐年提高,收入也明显增加了。前两年,柳又兵、肖干明、王运虎等多位养殖户都通过养殖虾蟹赚了钱,并在街上买了商品房,住进了乡镇的新楼房。

罗新祥(右)销售小龙虾

然而,残酷的市场经济,逼迫水产养殖结构要不断更新。2014年,罗新祥及时探索调整产业结构,又一次找到洪湖农函大,农函大教师经过调查,根据当时的水面情况和市场行情,建议他专养鳜鱼。

于是,罗新祥拿出近50亩水面,率先搞起了鳜鱼专养,现已初见成效,亩效益可达3000元以上。附近很多养殖户养殖四大家鱼,效益下降,忙碌一年几乎看不到效益,有的甚至亏本,纷纷找罗新祥参观、学习,他又请来农函大专家为大家介绍养殖的理念和技术,让大家都能收到效益,都能赚钱。

罗新祥认为搞养殖可以锻炼一个人的思想,好的理念、好的精神在实践中也能变成财富,墨守成规、传统经营,必将被市场所淘汰。作为一名普通的基层共产党员,罗新祥各项工作能走在群众前列,发展经济,科学致富。他率真、率先、率实,其所作所为能够影响到周围的一群人,他感到非常自豪与自信。罗新祥说:"一朵鲜花的开放,那不是春天,只有百花盛开,那才是春色满园。这样,我才会无愧于心,无愧于一名共产党员的光荣称号。"

小小柑橘苗　成就大产业

——记省农函大枝江分校学员、
枝江市优质水果种苗产销协会会长胡光平

金秋八月,瓜果飘香,笔者来到了坐落于枝江市仙女镇仙女村三组的枝江市古月果树良种场。走进良种场,犹如进入了一个绿色植物的王国,这里枝繁叶茂、鸟语花香,千万株大小树木泛起层层绿波,好似一个立体的湖泊。经营这家良种场的主人就是枝江市优质水果种苗产销协会会长胡光平。

胡光平,生于1962年9月,枝江市百里洲镇指南村人,省农函大枝江分校学员。1983年,他从生产、销售小小的柑橘苗起家,这小小的柑橘苗成就了胡光平特色农业产业发展之路。2011年,他又创办了枝江市古月家庭农场,年生产、销售果树、花卉、绿化苗木800万株,产值可达1600万元。客人来到这里可以吃农家饭、住休闲庄、购优质苗、观园林景,仿佛置身于花的海洋、绿的世界。

胡光平的创业有着一段艰辛的历程。在他10岁时,父亲不幸去世;他念高中时,母亲患上了肝硬化,在他18岁时又离他们四兄弟姊妹而去。胡光平虽过早地失去了父爱和母爱,伤心难过,但同时使他对生活的态度变得更加坚强。也许印证了"穷人的孩子早当家"这句话,他决心靠自己的努力,闯出一片新天地。他左思右想,究竟干什么呢?通过考察,他发现当地土壤及气候条件十分适宜栽种柑橘,农民要栽种柑橘,就需要柑橘苗,而枝江当时又没有一家正规的柑橘苗圃场。对! 创办一个柑橘苗圃场,填补当地市场空白。

由于百里洲四面环水,交通不便,胡光平决定把柑橘苗圃基地建到江北来。1983 年 10 月,他带着妻儿,将家搬到了马家店街道办事处计划村五组,在这里他承包十余亩地,以自己的姓氏命名了枝江市古月果树良种场,主打产品是生产和销售柑橘苗。

创办柑橘苗圃之初,一无资金,二无技术。胡光平四处借来了上十万元作为启动资金。为了学技术,他一方面向书本学,另一方面向技术专家请教。他无数次向市农业局的果树专家求教,多次参加省农函大、市农业局等组织的果树苗木嫁接栽培等技术培训,还到武汉华中农业大学、重庆中国柑橘研究所找专家、教授请教。同时,他参加中国柑橘节,学习新技术,了解市场信息,广交各界朋友,为发展柑橘苗产业奠定坚实的基础。

胡光平

梅花香自苦寒来，胡光平的努力没有白费，他很快掌握了柑橘的嫁接、栽培技术，当年他嫁接培育柑橘苗 4 万余株，第二年以每株 0.35 元的价格出售，实现了他早年萌发的万元户的梦想。

胡光平说："我要把最能赚钱的柑橘苗奉献给农民，把最好的技术提供给大家，让大家一起依靠柑橘发家致富。"为了促进全市柑橘产业的大发展，胡光平积极向广大农户宣传种植柑橘的好处，尤其是荒山荒坡和马尾松等低产林经过开发后种柑橘，亩产可收益 1500 元，而每亩柑橘苗只需 100 株 35 元，而且是一年栽树，三年挂果，二十几年可连续受益，投资少、收益高。当地农民了解了种植柑橘的好处后，纷纷栽上柑橘树，也纷纷到他这里来购买柑橘苗。这样，他的柑橘苗每年都成倍增长，第三年他生产柑橘苗就突破了 10 万株。到 1993 年，胡光平经过 10 年时间的经营，年生产和经销柑橘苗突破了 500 万株，销售产值达到了 170 余万元。

1995 年 1 月，为了更有利于果树苗木基地的发展，胡光平瞄准了枝江市江汉大道连接高速公路这个交通便利，又将果树苗木基地搬到了仙女镇烟墩包村三组，这里紧靠江汉大道。承包了 16 亩土地，仍以生产柑橘苗为主。这时他自己生产柑橘苗已达到了 20 余万株，从外地引进并销售柑橘苗 600 余万株。由于柑橘苗供不应求，从 1998 年开始，他又租用当地农民 60 余亩土地培育柑橘苗，使自己生产的柑橘苗突破了 150 万株。到 2007 年他生产和销售柑橘苗突破了 1000 余万株，产值达到了 350 余万元。

为了提高柑橘、蜜柚等水果的品种质量，给农民增收奠定良好的基础，胡光平先后从日本引进了大分 1 号、日南 1 号特早熟蜜柑、山下红早熟蜜柑，从福建平和县引进了红肉琯溪蜜柚，从广东四会市引进了砂糖橘，从外地引进了纽荷尔脐橙等一系列果树优质品种。由其引进的"山下红"早熟蜜柑获得了湖北省优质水果奖，深受有关农业专家的肯定和广大农民的青睐。胡光平依靠勤劳和科技致富了，近10年来，他年均生产和销售优质水果苗木800万株以上。

胡光平立志发挥自身优质苗木生产和销售的产业优势，做大做强优质水果苗木的产业实体，为农民增收做出贡献。2008年在市科协、市农业局、市民政局的大力支持和帮助下，他在全市率先发起成立了"枝江市优质水果种苗产销协会"，通过"协会＋龙头企业＋苗木生产基地＋生产专业户＋营销经纪人"的模式，把枝江市仙女、安福寺、马家店、问安、董市、百里洲等镇、街办的1000多农户网络到协会中来。协会采取"五统一"模式，即统一生产管理、统一技术服务、统一规划品种、统一行业标准和统一市场销售。目前协会帮助农民发展优质水果苗木、园林绿化苗木基地和优质水果园、生态林近万亩，经济效益达到了6000余万元，农民增收达到了2000万元以上，户平年收益达到了6万元以上，户平增收2万元以上。

胡光平不仅支持当地农民依靠培育柑橘苗和栽种柑橘树致富，他还乐于助人，帮助外地发展柑橘产业。1998年，他带领几名枝江籍柑橘嫁接能人到仙桃市科协柑橘苗基地，帮助嫁接柑橘苗80万株。两年后，他又帮助仙桃市科协将这80万株柑橘苗全部销售一空。

如今，胡光平沿着特色农业之路，又精心制定了新的发展蓝图。他计划以自己的家庭农场为龙头，今年帮助仙女镇再建400亩花卉、水果及绿化苗木基地，今后几年逐渐扩大到1500亩，同时发展生态林1000余亩，继续为实现枝江天更蓝、地更绿、水更清的生态建设目标发挥积极作用。

引领协会舞龙头 助推竹林产业大发展

——记省农函大郧阳分校学员、
郧阳区红岩背林场余河村党支部书记胡良平

　　余河村地处十堰市郧阳区国有红岩背林场以北，平均海拔1163米，山大人稀坡度陡，竹林资源非常丰富，全村版土面积37000亩，耕地面积占1100亩，124户621人。10年前，余河村是一个贫穷落后的后进村，人均纯收入还不足400元。如今的余河村，经过10年的奋斗和拼搏，一跃成为全区的先进村、富裕村、小康村，2014年村级集体经济纯收入200余万元，固定资产300余万元，人均纯收入7600元，家家户户盖起了小洋楼，并购置了电视、电脑、电冰箱、摩托车。

胡良平

　　说起这翻天覆地的变化，村民们异口同声地说，是村支部书记胡良平带领我们依靠科技、发展竹子产业，一步一步走上脱贫致富奔小康之路，他真是一位一心为民服务的好支书、好会长。

　　胡良平，男，生于1966年10月，高中文化程度，现任郧阳区红岩背林场余河村党支部书记兼郧阳区兴林竹子产业协会会长。自2003年担任该职务以来，克己奉公，甘于奉献，始终把"勤勤恳恳工作，清清白白做人，规规矩矩做事"作为自己为人处事的信条。他团结和带领村委会、协会一班人，紧紧围绕村委会、协会中心工作，狠抓队伍自身建设，不断提高团队的战斗力和工作效能，依靠科技发展壮大竹子产业，使该村发生了翻天覆地的变化。在他的努力下，村党支部2007年、2008年、2009年连续三年被区委授予"先进基层党组织"荣誉称号，2013年被十堰市委表彰为"发展型村党支部红旗单位"；他本人于2008年荣获十堰市第二届"十大农业产业开发之星"，2010年被区委授予"优秀共产党员"荣誉称号，2012年被十堰市委、市政府授予"产业致富带头人"等荣誉称号。

依靠丰富资源，带头带领村民发展壮大竹子产业

　　余河村山场面积大，竹林资源非常丰富，20世纪八九十年代面积达5000余亩，由于粗放型经营，导致资源浪费，物不能尽其才。

　　胡良平上任之际，就暗下决心，决不辜负上级党组织对他的信任和全村父老乡亲对他的厚望。通过大量的调查研究，科学论证，胡良平与村委会一班人商讨并达成共识，决定"依靠科技、依山吃山、兴山富村、兴竹富民"的发展思路。

　　如何将发展思路落到实处、积极有效地引导广大村民快速持

续的发展竹子产业？"火车跑得快，全靠车头带；村看村、户看户，群众看的是干部"，他及时召开村组干部会议，号召所有村干部每人必须承包100～150亩现有竹林，带领村民发展致富。

为了尽快发挥最佳经济效益，使竹林真正成为科普示范样板基地，胡良平果断采取了三条行之有效措施"一是对承包的竹林实行封山育林，自己看管，集体开发；二是依靠科技，科学管护，技术上以省农函大郧阳分校为依托，聘请分校技术专家为顾问，定期或不定期深入实地进行技术指导和培训；三是统一销售，一方面对竹笋食品统一加工、统一包装、统一价格、统一销售，另一方面科学开发开采砍伐竹子资源，邀请当地能工巧匠编制高质量竹席、竹篓、竹筐等系列竹制品统一销售。

宝剑锋从磨砺出，功夫不负有心人。2004年，所有村干部合计承包的700亩竹林实现销售收入140万元，每个村干部平均获纯利16万元，村集体收入仅此项就获利21万元。这一事实极大有效地调动和激发了广大村民发展竹子产业的信心与决心。如今的余河村，通过采取产前、产中、产后系列化服务措施，已成为竹子的世界、竹林的海洋，发展面积达1.3万亩。村级依靠竹子产业年纯收入达200余万元，农户户均依靠竹子产业年纯收入达3.7万元左右，并辐射带动郧阳区鲍峡、胡家营两镇16个村3200余户农民发展竹子产业。

组建协会，规范运行机制

组建协会舞龙头。2007年，随着产业的不断扩大，为保障产业持续、健康、稳定发展，在胡良平的积极努力下，成立了郧阳区兴林竹子产业协会,采取"支部＋协会＋农户"模式,会长由胡良平担任,理事会成员由村、组党员干部、种植大户组成,实行主要成员包组,一般党员干部包户的管理机制,技术顾问由省农函大郧阳分校教师担任,把产、供、销有机统一起来。通过努力,该协会现已形成了"党的旗帜飘起来,经济发展活起来,农民群众富起来"的可喜局面。现有会员 412 人,会员户均年纯收入 4 万元左右,比非会员户年均增收 40%以上。

致力加强硬件建设。积极争取有关部门支持,投资 41 万元,对村部及协会进行全面改造和装修。内部规范设置了办公室、财务室、会议室,并配备了办公桌、电脑等办公设施,实行自动化办公。挂牌成立了农技服务中心和会员服务中心,开展技术推广、农资配送、会员疑难咨询等。通过加强阵地建设,不仅使协会有了固定的办公场所,而且成为技术培训、信息服务、农技、农机推广及文化娱乐为一体的政治、经济、文化活动中心。

不断完善章程制度。协会成立后,组织召开会员大会,讨论通过了协会章程,制定了会员管理、理事会、监事会、会员入会、财务管理、民主决策、重大事项报告、会议及档案管理等 9 项管理制度,并规范上墙。在执行过程中实行重大事项经会员(代表)讨论通过后,理事会负责实施,监事会监督落实。通过建章立制,规范了办事程序,提高了工作效率,基本形成了用制度管人,按制度办事的运行机制。

建立利益分配机制。协会从实际出发,遵循民办、民管、民受益的原则,采取行之有效措施,建立了利益分配机制,增强了协会的凝聚力。一是按照农村产业协会财务会计制度的要求,规范建立了会员账户。通过会员账户,详细记载会员的出资额、公积金份额、产品交易额(量)及盈余分配情况。通过建立成员账户,使资产明细,盈余分配有据。二是从三个方面建立了利益联结机制。第一是参与盈余分配。协会将示范基地规划范围内的林地,以每亩年保底价150元统一租用,并参加年终盈余分配。第二是协会可分配盈余总额的65%按会员与协会的产品交易额比例返还。第三是出资分配。协会通过会员大会制定出资方案,设置每股股金为500元,年终按出资总额享受35%的剩余盈余分配。通过利益分配机制,使协会会员不断扩大,会员收入明显增加。

优化服务,助推产业又好又快发展

引领农民发展竹子产业,首要任务就是引导农民种,指导农民管,组织农民销,让农民发展有信心,管理有技术,产品有销路。胡良平和协会一班人,重点从四个方面优化服务,收到了较好的效果。

胡良平(白衬衣夹克)为种植户传授技术

统一技术指导。为了提高单产和产品质量,协会制定了技术操作规程,组建了技术服务队,建立了技术服务中心,从竹子种植、管理、采笋、采伐、加工方面,严把技术指导关。一是聘请省农函大郧阳分校技术专家为常年技术顾问,分校技术专家重抓三方面的技术培训。加强对协会技术人员技术培训,使协会技术人员技术精益求精。根据不同的生育期生长特点,分校技术专家定期深入种植地块开展技术指导。利用农闲季节,以协会培训室为阵地,以种植户为对象,开展竹子高产栽培技术系统化理论培训。二是协会技术人员实行"二包三保"措施。即包户包地块,保证产量、保证质量和保证效益。三是高薪聘请竹制品专家实地指导竹制品系列加工技术。

统一农资配送。2007 年底,协会投资 10 万元,建起了农资配送和农机服务中心。年配送农资总产量达 120 吨,总产值达 30 万元,并购置各类农机设备 30 多套,这不仅为协会会员提供了专业农机服务,而且降低了会员的劳动强度,降低了生产投资成本。

统一加工。2008 年,随着产业的加快发展,为适应市场经济发展需求,胡良平带领协会一班人深入武汉、郑州、西安、十堰、南阳、襄阳等大中型城市各大超市、商场考察竹制品系列产品,考察归来,通过召开会员代表大会讨论,决定采取协会出资一部分、会员入股一部分、有关部门争取一部分、银行贷款一部分办法,投资190 余万元建起了竹制品系列加工厂,实行统一时间采笋、统一时间采伐,统一标准、统一价格、统一加工。

统一产品销售。协会为了开辟销售市场,2008 年建立了由 5人组成的营销服务中心,负责收集市场信息,引进客户,签订大宗订单。由于产品质量高、价格低,销售网点多,目前呈现出产品供不应求、畅销不衰的可喜局面。

小河蟹做成致富大产业

——记省农函大洪湖分校学员、
洪湖市滨湖办事处河蟹养殖专家胡良成

胡良成从事基层水产养殖技术推广工作近40年，一直致力于本地区特种水产业的发展。在洪湖农函大的关心与支持下，一心一意推广健康养殖、生态养殖，引导养殖户走上了致富之路。2014年，在河蟹苗种本地化培育过程中，胡良成充分利用本地资源优势，大胆创新，努力实践，较快地推动了河蟹苗种本地化进程，为本地河蟹产业发展与质量提档升级提供了强有力的保障。

不满现状，致力河蟹品牌建设

滨湖是一个水产专业乡镇级办事处，全处共有可养水面15万多亩。办事处开展水产品种养殖结构调整，一改过去的传统养殖模式，向名特优水产品养殖转变。胡良成积极联系洪湖农函大教师，开展水产养殖培训，同时深入实际与养殖户开展名特优试验养殖。经过近10年的努力、探索和实践，2000年，滨湖已形成了一乡一品的河蟹养殖格局，全处近5万亩精养塘由原来亩平年纯收入不到800元一跃上升到亩平纯收入2000元以上，使全处养殖户尝到了名特优养殖带来的高效益甜头，从此之后，滨湖走在了全市水产业发展的前列，胡良成也被荆州市授予"全市百名优秀农民技术员"称号。

市场需求是不断变化的,过去的低质商品蟹已不具有市场竞争力,河蟹养殖业即将步入低谷。若要适应市场变化,必须提高商品蟹品质和品牌建设。在洪湖市科协、市水产局正确领导和相关部门的大力支持下,在洪湖农函大技术帮助下,形成了在全处开展绿色养殖、生态养殖的共识,制定了一改过去的大养蟹到养大蟹的方案。

胡良成(中)推广河蟹

为了实现这一跨越,胡良成采取了一系列办法:一是通过示范让养殖户看到身边生态养殖带来的高效;二是组织养殖能手走出去,到江苏高淳、汉川等地参观学习;三是建立太马湖生态养殖观摩基地并轮流召开现场会;四是针对少数落后的养殖户请农函大教师到塘边指导,到偏远的洪狮地区开展冬季培训;五是根据不同季节和生产环节洪湖农函大进行集中技术培训和相互交流;六是印发养殖操作规程和技术资料;七是利用手机短信平台适时提醒蟹农不误农时和掌握技术要领。这些有益的工作,真正做到了使生态养殖模式从源头抓起,从根本抓起,既抓两头又带中间,促进了河蟹养殖新技术的平衡渐进,收到了事半功倍的良好效果。

一分耕耘,一分收获。到 2008 年,全处河蟹养殖水平得到了极大的整体提升,亩平增收达 2000 多元,并有大部分养殖户亩平纯收入达 5000 元以上,有的亩平甚至超过万元。"洪湖清水"品牌不仅进入了市场,而且走出了国门,滨湖成了全国富甲一方的"中国河蟹第一乡"。

依靠科技,提升养殖模式

2014 年,胡良成在洪湖农函大支持下,开展生产实践调查,提出了新的河蟹养殖模式——将外地的特色豆蟹养殖提档升级,结合本地的养殖习惯和实际,利用大棚,将当年早繁的河蟹苗强化培育成大规格早期扣苗,再入大塘当年养殖成大规格商品蟹,与传统养成的大规格商品蟹错峰上市,提高他们在市场的话语权和竞争力(因为常规养成的大规格商品蟹在当年的十二月前非出售不可,如果推迟就不能保证其品质,他们当年养成的大规格商品蟹在次年的元至三月正是上市期,而且能保持上市的品质),为本地的河蟹产业发展找到了一条新的出路。

在苗种方面,利用本地有限的面积一年两季,以后可能还三季培育河蟹本地苗(在六合公司,颜咀基地 2014 年实施,当前进展顺利成功,省有关专家已对此项目进行成果鉴定),对本地区突破河蟹苗种本地化培育的瓶颈将起到决定性的作用。同时,也大大提高了土地能循环利用的价值,此项目年初已被省科技厅立为"科技创新"项目,同时也得到省农业厅、水产厅、中科院水生所、省水科所省推广中心的有关专家和领导的重视和肯定。

胡良成讲解本地化蟹苗培育新技术

大胆创新,勇于探索突破束缚

近几年,在滨湖远景村、张坊渔场、洪狮渔场等地开展了河蟹苗种本地化培育示范。多年试验示范的结论证明,苗种本地化培育和利用自养蟹苗养殖商品蟹,其品质明显优于外购苗,且成活率高,养殖成本低。特别是今年攻关的河蟹苗种二级本地化培育新模式,开创了洪湖乃至湖北的先河,其成功率在100%,为外地苗种本地化培育找到了新的出路。可以肯定地讲,这一项技术的突破,不但能解决就近购苗和成活率高等问题,而且将使成蟹的销售时间发生延期改变。此培育模式已得到中科院、省水科所等有关权威机构和专家的充分肯定。胡良成相信,在全市推广本地苗种生产大规格成蟹生态养殖后三五年,外地河蟹苗种本地化培育将形成规模,对外地的河蟹产业持续发展将起到根本保障作用。

胡良成与水产有缘,热爱这个行业,在过去的几十年里为洪湖的河蟹养殖生产做了一些有益的工作,取得了一定的成绩,各级政府给了他很高的荣誉,老百姓也非常尊重他。他今生最大的梦想是:让洪湖人养蟹不愁苗、不外购苗,让洪湖蟹逐渐占领国际国内市场;让洪湖成为"中国河蟹第一市",让养蟹成为洪湖人最体面的职业。

生猪拱开致富门

——记省农函大通城分校学员、通城县新三汇养殖专业合作社总经理胡贤利

"快过年了,我给大家带来一点年货,祝大家过一个快乐祥和的新年!"2014年农历腊月二十四,通城县新三汇养殖专业合作社总经理胡贤利带着猪肉和各种食品来到大坪乡福利院,看望慰问孤寡老人。6年来,她每年都会在这一天来到福利院,给老人们送上礼物,陪老人们聊天谈心。

胡贤利和丈夫原来在云南省做药材生意,生意做得红红火火,但胡贤利心里一直牵挂着家乡的发展。2007年10月,胡贤利说服丈夫回到老家大坪乡栗坪村,用在外地做生意积累的资金,租赁6100亩土地,创立了新三汇养殖专业合作社,发展生猪产业,采取"基地＋农户"的模式,带领乡亲们共同致富。

尽管做足了一切从头开始的心理准备,但现实的困难还是远远超过了胡贤利的预期。技术瓶颈、资金、市场的变幻莫测,一个又一个的挑战像一座座大山一样压在她的头上,但她没有退缩。

胡贤利一方面自己尽快掌握养猪技术,她不顾自己年龄大、工作忙,利用一切空余时间,向书本学理论知识,向周围的师傅学实践经验,积极参与省农函大通城分校举办的各期养殖技术培训,不断提升自己的养殖技能和管理水平。另一方面邀请省市县

农函大养殖专家给合作社的成员进行养殖技术培训,现场操作指导。在技术支撑下,农户生猪出栏天数由原来 200 多天缩短到 160 天左右, 出栏批次由原来一年 1.2 批提高到 2.5 批, 按每批出栏 100 头计算,每户社员年增利 3 万多元。

在农函大专家的指导下,培育出了绿色、环保、有机的生态通城猪。目前,"通城'两头乌'猪肉"荣获第七届中国武汉农业博览会全国知名品牌农产品奖、金奖农产品。"通城猪"获得国家有机农产品和国家农产品地理标志农产品认证。"通城猪"肉价格平均高出市场价格 25 元,畅销周边县市。

为适应现代养殖规模化、标准化的要求,胡贤利不断改造养猪环境,扩大产业规模。2012 年 10 月,胡贤利投资 1000 多万元,对猪场实行信息化管理,并对生产设施、环保设备进行换代升级,不断完善养殖档案,通过实行猪舍单元式、喂料自动式、全进全出流水线作业的工厂化高科技种猪生产模式, 使养殖小区实现了生猪品种良种化、养殖设施化、生产规范化、防疫制度化、粪污无害化。

胡贤利以敏锐的眼光看准了"通城猪"的品牌潜力,大力实施名牌发展战略。她在省农函大教授和县专家指导下,根据"通城猪"生理特点和饲养要求,充分利用青绿饲料、农家米糠、细粮、麦麸组成配方,利用当地药姑山优质山泉水,采用传统喂养方法,实行放养模式,培育出了绿色、环保、有机的生态"通城猪",并以其肉质细嫩、肉色鲜红、肌肉脂肪含量高、味美等独特风味,使"通城猪"先后获得国家有机农产品和国家农产品地理标志农产品认证,冷鲜肉获第七届中国武汉农业博览会全国知名品牌农产品奖、金奖农产品和湖北省名牌产品。打造"通城猪"品牌,形成核心竞争力。

胡贤利推出"四提供一回收"服务措施，即，提供优质仔猪、全价饲料、防疫治病、养殖技术，包回收肥猪。鼓励周边农户养猪，先后吸引大坪村、来苏村、栗坪村等地200多位农户从事养猪业。

2013年上半年，养猪市场持续低迷，胡贤利依然恪守承诺，定期组织生猪回收队伍，到村到户，以高出市场0.5元/公斤价格回收肥猪。农户悬着的心放了下来，胡贤利却多付出了300多万元。

如今，合作社的产业已扩展成集种猪繁育、生猪生产、水产养殖、果树油茶药材等种植、畜产品加工、休闲观光于一体的省级农业产业化重点龙头企业。2014年，合作社产值8138万元，创利润1125万元。合作社养殖户扩张到邻近5个村，发展社员180多人，带动1000多农户致富。

为做大做强合作社，走深加工增值的路子，带领更多人致富，2014年底，胡贤利投资5000万元新建新三汇肉食制品加工厂，2栋生产车间、办公楼、展示厅已完成建设并投产，年可生产猪肉系列产品2000吨，创产值过亿元；实现利润160万元，上缴税款20万元；增加就业岗位200多个，每年可带动周边600多农户从事养殖业，每户年平均增收约3万多元。

在带动大家致富的同时，胡贤利夫妇还积极投身公益事业，先后投资500多万元，从药姑山田庄水库、东冲水库引水至周边几个库区移民村，解决村民用水难问题。她还将合作社养殖场沼气连接到户，让农民用上了清洁、环保的沼气。每逢春节，胡贤利都会给村里的老人和福利院的五保户送去礼物，几年来，累计捐款捐物已达30多万元。

特种养殖圆致富梦

——记省农函大鹤峰分校学员、
鹤峰县柯氏特种自然生态养殖园总经理柯西元

省农函大鹤峰分校学员、中营镇元井村二组村民柯西元,今年43岁,家有5口人,现在主要从事蛇、棘蛙、果子狸、麂子,大麦虫、鳝鱼等精品野生动物的驯养繁殖。虽然是小学文化,可是由于他爱学习,肯动脑筋,所以思想解放,眼界开阔,敢于在市场经济的大潮中驾驭风浪。他认为要想在农业战线上创造辉煌,就必须相信科学,尊重科学,依靠科学。

2010年,柯西元结束了在外十余年的打工生活返乡创业,揣着在外打工多年的积蓄,有点茫然,在这交通不便的偏远山区干点什么好?投资有风险啊!正在这个时候,省农函大鹤峰分校在中营镇举办农函大技术培训,得知这一消息后,柯西元立即报名参加了培训班。学习结束后,柯西元把农函大专家请到元井村实地查看。专家对他讲,近年来,随着人们对膳食结构的改善和生活水平的不断提高,对特种养殖业需求量逐年增加,这就为农村经济增长和广大农民快速脱贫致富创造了新的经济增长点。建议柯西元依托青山绿水资源,秉承"既要绿水青山、更要金山银山"的理念,发展生态养殖。

农函大专家的建议跟柯西元的想法不谋而合,在经历一番认真分析和思考之后，柯西元决定甩开膀子干一场。2014年6月，柯西元投资80余万元在自家责任田和撂荒山坡地建起了"柯氏特种自然生态养殖园""柯氏福宝特种养殖专业合作社"。经过一年多的发展，在各级农函大的大力支持和帮助下，合作社在不断壮大和发展，目前合作社社员已发展到106人。通过几年不懈的努力和打拼，离他的梦想又更近了一步。

刻苦钻研特种养殖技术，力争做到最好

柯西元中学毕业后带着下海淘金致富的发财梦，只身一人到温州打工。虽然文化程度不高，但是肯学肯钻，对工作精益求精，对知识有强烈的渴望。在上班的时候，注意向身边同事学习；工作之余，向书本学习，不断积累知识。他注意到野生动物产品在市场上的需求量大，供不应求，市场前景十分广阔，价格高，特别是蛇类、棘蛙类等野生产品在市场上的价格非常可观。在对市场需求充分调研情况下，想到自己的家乡属于山区腹地，河渠、沟巷纵横交错，水利资源好，环境好，气温好，有发展野生动物产品得天独厚的条件。如能利用本地各方面优势，可开辟一条特色特种野生动物养殖之路，那么乡亲们致富就有一条便捷大道。于是，他决心辞去工作，回到家乡做特种野生动物养殖示范的探索。

2010年，他带着多年在外打工赚来的所有资金和满腔热情回到家乡，靠着一股钻劲，凭着一股韧劲，克服了一个又一个困难，经过几年的养殖，积累了不少经验和资金。在各级农函大专家的指导下，掌握了一定的野生动物驯养繁殖技术。先后投资105万元，新建8000平方米的棘蛙养殖场，投放了5万元的棘蛙；新建

2800平方米的蛇类养殖场，投放420条价值4.5万元的种蛇；新建1000立方米的鳝鱼养殖塘，投放鳝鱼种苗80斤约800尾。

柯西元的特种养殖(蛇)

致富不忘众乡亲

农村的生活单调而乏味，每天日出而作、日落而息，守着几亩薄地靠天吃饭。家庭条件好的，父母开明的，孩子能上几年学；条件不好的，只能早早扛着锄头下地干活，知识的缺乏造成一代又一代的恶性循环。柯西元深知造成贫穷和落后的根本原因是愚昧和无知。

随着特种野生养殖产业不断扩大，为了带领村民脱贫致富，柯西元在县农函大分校的指导下，2012年6月成立了一个社员多达106人的特种养殖专业合作社。在蛇、蛙成功的驯养繁殖取得初步的成功情况下,柯西元将自己多年积累的实践经验毫不保留地传授给了社员们。他常说:"我一户富不算富,父老乡亲都致富才真正走上了小康路。"

下一步,柯西元准备用5年时间内,再投资60万元扩建特种养殖场,占地达到15000平方米,增加3个特种养殖品种,并逐步提升产品的品质和影响力,打造自己的精品特种养殖的品牌。他的构想是,合作社和社员共享科技知识、驯养技术、市场信息,实现双赢,朝着"合作社 + 基地 + 农户"的模式发展,沿着优质的特种养殖之路不断迈进。为了保护大自然的生态环境,以后每年向大自然放回适量的蛇、蛙来扩大野生动物种群,使特种养殖项目能兼顾生态、社会和经济三大效益。

虽然柯西元的特种养殖还没有走上大量生产和盈利的高峰期,但他有一种锲而不舍、永不言败的精神。利用家乡得天独厚的水利资源和自然条件带领乡亲致富的信念,他一刻也没有忘记。

林间修炼果满园

——记省农函大枝江分校学员、
枝江市仙女镇鲁港村柑橘种植大户施祖金

在枝江市仙女镇,有一家"老字号"柑橘种植户。户主施祖金,省农函大枝江分校学员,从 1983 年就开始了柑橘种植生涯,1987年又开辟了柑橘经纪人的新路子,柑橘种植和经纪人两项事业齐头并进。在近 30 年里,经过了时代的变迁、风雨的洗礼,施祖金心里别有一番"酸甜"。

20 世纪 70 年代末,改革春风吹拂大江南北。1983 年,农村家庭联产承包责任制在全国范围内全面推广,"包产到户"制度也在仙女镇鲁港村正式实行。原来由生产队管理的柑橘林也分给了各个农户承包。就在此时,柑橘种植户施祖金抓住机会,承包了 10 亩柑橘林。从此,施祖金就在自己的柑橘林里开始了他的"个体经营"。

然而,万事开头难,施祖金承包的这 10 亩柑橘林是 1981 年刚种下的幼苗,限于集体经营的粗放式管理方式,苗木种植不科学,施祖金将这 10 亩地的柑橘苗全部重新定植,筛选了 800 棵幼苗,并请教宜昌农校专家,在专家的指导下,精心栽培。

虽然施祖金细心呵护,但由于缺乏经验,加上幼苗需要一定的成长期,头四年一直处于亏损状态,甚至连提留款都需要通过贷款才能交上。施祖金骨子里那股不服输的拗劲上来了,"越是搞不好,就越是要搞!"那些日子,施祖金三天两头跑到宜昌农校、村技术员家里请教,并请农校的技师和村技术员来自己柑橘林实地查看指导。

经过几年的苦心钻研,施祖金学到了很多种植柑橘的经验。1987年,柑橘园里收获柑橘5000余斤。柑橘的产量上来了,他又为销路发愁了。当时枝江市场的柑橘零售价才0.3元/斤,还常常滞销。他大门不出,二门不迈,苦苦思索着这5000余斤柑橘该销往何处。不经意间,施祖金看到墙上的地图,决定就去最繁华的城市,先去上海,再去北京、天津。

施祖金自己开车拉着自家的柑橘就往上海跑,途径安徽一家水果市场,看着比较繁华,临时想着下来试试看。结果,一车柑橘5000余斤,短短3个小时,就以0.9元/斤的价格全部售罄。尝到甜头的施祖金一鼓作气,连续考察了安徽、江苏、上海的柑橘市场,并和相关经销商建立了联系。回来后,他将福音带给了乡邻们。那一年,整个鲁港村的柑橘都卖出了好价钱。

柑橘销路不愁了,施祖金又开始琢磨了,这柑橘的产量该如何进一步提高呢? 这时,恰逢村技术员从华中农学院(现华中农业大学)学习回来,带回了特早市文枝条。他闻讯后第一时间跑到技术员家里,买来了枝条,在自家柑橘园里嫁接,嫁接后第一年就挂果了,且口感、色泽都比本地柑橘要好。加上特早市文成熟时间比本地柑橘要早,一上市,就受到了顾客的青睐,卖价比本地柑橘高一倍。经过在自家柑橘园试验成功后,施祖金在乡邻间大力推广特早市文,短短半年时间,特早市文在仙女镇、问安镇等周边镇发展起来。

本地柑橘仅有宜昌柑橘早熟、中熟和晚熟三个品种,较单一,且产量不高,施祖金说:"时代在进步,社会在发展,若是一直在原地徘徊不动,就一定会被时代和社会淘汰,引进柑橘新种势在必行。"爱琢磨的施祖金从特早市文上动起了脑筋,既然特早市文可以在本地嫁接成活,那么其他品种是否也可以引进呢?他通过嫁接的方法,先后引进了纽荷尔、南丰蜜橘、琯溪蜜柚等20多个品种,经过试验,最后成功了15种,并在本地迅速传播开来。通过开荒、栽培新苗,如今的柑橘林已经有30余亩了,在这30余亩柑橘林里,柑橘品种达20余种。

为了得到最大利润,施祖金利用自己跑市场积累的人脉资源,开始了柑橘经纪人生涯。初期条件有限,只能通过书信、电报与客商联系,那时他联系的客商也仅限于安徽、江苏一带。在从事经纪人职业的第二年,仅鲁港村,他就帮助销售了40余万斤柑橘。如今,借助电话、网络等便捷高效的通讯平台,施祖金将市场打到了上海、北京、天津、南京、内蒙古、辽宁、吉林、黑龙江,甚至俄罗斯等地。

在谈及柑橘丰产的经验时,施祖金笑着说:"这其中最重要的经验,就是让它自己慢慢长,时时都要去除除草、松松土、打打药!"这一句简单朴实的话语却道尽了他种植的秘诀,那就是顺其自然,让柑橘按照其生长规律生长,不能揠苗助长,能做的只是给柑橘的生长提供良好的生长环境,这正是施祖金经过30年的"林间修炼"所悟出的道理。

在谈到柑橘畅销的经验时,施祖金说"主要还是靠大家"。一个产品要打开市场,除了自身品质过硬之外,还要有一定的规模效应,他每发现一个好的市场,都会主动帮大家联系;每试验成功一个优良品种,都会毫无保留地传授给大家。这些年,他给橘农们提供优良苗木,还多次前往其他村镇义务提供技术指导。在他的带领下,以鲁港村为中心,形成了一片柑橘产业基地,形成了规模效应,如今,鲁港村柑橘远近闻名,不少经销商慕名前来,橘农们掌握了销售的主动权,柑橘种植和销售成为当地农民的又一增收主渠道。

施祖金的努力获得了大家的认可,也得到了政府的肯定,先后被市镇两级评为"劳动模范""致富带头人""柑橘状元""枝江农村科技明星"。政府的支持和鼓励,使他干劲更足。

施祖金(右一)讲授柑橘修剪技术

如今,仙女镇将柑橘列为"三大特色产业"之一,重点扶持,优先发展,并为橘农们提供了保姆式的技术指导服务。这给施祖金打了一剂强心针,让他对柑橘种植越来越有信心,也帮助他在柑橘种植和经纪人道路上越走越远!

五年后,良种柑橘树布满橘园,刚栽下的1000余棵幼树也开始挂果创收。憧憬着未来,施祖金开心地笑了!

痴心奉献山区科技事业

——记省农函大郧阳分校教师、郧阳区金银花产业协会会长袁智国

　　袁智国，男，47岁，大专文化程度，现任郧阳区党员培训示范基地主任，省农函大郧阳分校果树、蔬菜、金银花培训教师，郧阳区金银花产业协会会长。20多年来，袁智国以开拓创新的精神、坚韧不拔的毅力和热情周到的服务，积极投身于郧阳区农业科技事业。通过潜心学习和实践，探索出了许多适合郧阳区高产、高效、优质的果树、蔬菜先进管理技术和经验，并在郧阳区广大农村大面积的普及推广，使一大批贫困群众依靠科技进步走上了致富之路，由此成为郧阳区知名的"土专家""田秀才"，为郧阳区农村科技事业的发展做出了突出贡献。

甘当农业科技工作者

　　20世纪80年代，袁智国居住在郧阳区茶店镇一个偏远贫穷的小山村，他上有父母，下有6个弟弟妹妹，虽然父母日复一日、年复一年的辛勤劳作，但仍然摆脱不了贫穷，过着"种地为了肚儿圆、养鸡为了换油盐、养猪为了过个年"的生活。1987年高考落榜的他，放弃了外出打工高收入的机会，暗下决心，立志从农。1988年，在茶店镇政府推荐下，报考了中国农村致富技术函授大学中

专班,在读期间,他刻苦学习蔬菜、果树专业理论知识,虚心向老师请教,利用空闲时间深入田间地头调查研究。功夫不负有心人,1990年,袁智国以优异的成绩圆满完成了学业,为他以后脱贫致富创新发展事业奠定了坚实的基础。

甘当科技创新的实践者

郧阳区是一个贫困山区,尤其是农村经济发展和科学技术发展相对滞后,但邻近车城十堰,有很好的发展空间。

为了将自己学到的技术尽快地发挥其经济效益,1991年,袁智国通过大量的市场调查,发现巨峰葡萄在十堰地区有很好的市场前景。当时十堰地区巨峰葡萄都是从北方进货,路途远、价格贵,看准了巨峰葡萄市场的本地人纷纷引进种植,但因缺乏良种良法管理技术,都以失败而告终,有的甚至果园绝收。袁智国知难而上,大胆地投入了8000元引进1000棵种树在自家责任田里试种4亩。通过他一丝不苟的照料和管理,最终"驯服"了巨峰葡萄,一举攻克了巨峰葡萄坐果率低的难关,找到了巨峰葡萄的黑痘病、霜霉病、褐斑病的防治方法,从而打破了巨峰葡萄不能在本地栽种的"魔咒",第二年亩平效益4300元,总收入17200元。

在袁智国的示范带动下,茶店镇从1993年开始发展葡萄产业,如今的茶店镇,葡萄产业已成为该镇农业增效、农民增收的支柱产业,发展面积近1万亩,年均实现葡萄农业生产总值达6000万元左右。

葡萄事业的初次成功,更进一步激励袁智国潜心钻研农科技术的决心和信心,他把发展的目光放在发展高产、高效、优质的现代农业上。1993 至 1995 年，袁智国先后在交通便利、区位优势强的柳陂镇兴盛村租地 20 亩，投入资金十余万元，建起了面积 20 亩的塑料大棚，进行反季节、多季节高产、高效、优质多种蔬菜种植，使传统的一年两季蔬菜变为四至五季蔬菜栽培模式，使每亩地年产值由原来的 3000 元左右猛增到 10000 元左右。

袁智国细心观察苗木生长情况

在袁智国的示范带动下，柳陂镇兴盛村从 1996 年开始发展种植塑料蔬菜大棚，如今发展塑料蔬菜大棚 3000 余亩，年实现蔬菜农业生产总值 3000 余万元。

郧阳区作为南水北调中线工程重要淹没区和水源区，为确保一江清水送京津，袁智国结合国家产业政策，又把发展生态农业和效益农业作为重点发展方向。2006 年 3 月，他从山东亚特有限公司引进亚特立本良种金银花进行试种，经试种一举获得成功，亩平年收入达 1.2 万元。为使该产业迅速在郧阳区发展壮大,袁智国建起了 30 余亩的种苗繁育基地,年供种苗可达 100 余万株。目前,已普及推广全区 17 个乡镇,56 个村,9000 多农户,种植面积达 2 万余亩,亩均产值 4000 元左右,年均实现金银花农业总产值 8000 万元左右。

甘当科技普及的传播者

"自己富不算富,大家富才算富",这是袁智国的口头禅。为了让自己实践出来的新品种、新技术尽快地转化为现实生产力,更好地把自己通过实践探索出来的一套致富经验服务于社会,他采取了三条措施进行普及推广。

建立果树医院,开通果树技术服务"110"热线,来访者必接必答。几年来,共接待来访农民 21600 余人次,诊治各种水果病虫害等处方 22700 余张,为农民挽回经济损失上千万元。其次,深入农村及田边地头大力开展各种果树的技术培训。自编自印 4 万余册 12 种优良品种果树高产栽培技术图书免费分发到农民手中,十余年来几乎走遍了郧阳区的山山水水、沟沟岔岔,只要有果树的地方就有他袁智国的身影。全区共有 148 个村聘请他为农业技术顾问,农民们深有感慨地说:"是袁智国帮助我们增了智、脱了贫、致了富。"

2006 年,由袁智国引进的亚特立本良种金银花试种成功后,由于该品种投资少,见效快,亩平年收益可达 5000 元左右,很快被农民所认识,该品种迅速在郧阳区普及推广。为把该产业做大做强,在他的倡导下,2007 年,袁智国牵头成立了郧阳区金银花产业协会,亲任会长。网络会员 210 人,协会与种植农户签订产前、

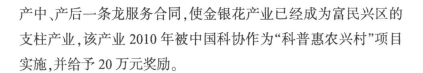

产中、产后一条龙服务合同,使金银花产业已经成为富民兴区的支柱产业,该产业 2010 年被中国科协作为"科普惠农兴村"项目实施,并给予 20 万元奖励。

脚踏实地,任劳任怨,甘当无私的奉献者

1999 年,袁智国接受郧阳区委组织部的聘请,成为郧阳区党员培训示范基地主任,并承包了基地。为了使党员示范基地真正成为带动郧阳区农业产业化持续发展的科普示范基地,借助基地强大优势,大量引进草莓、桃树、杏李、无核葡萄、布郎李、柑橘、薄壳核桃、甜柿等新品种进行试种,对引进的果树品种扶优淘汰,提纯复壮,再通过多年的培育和选育,共为郧阳区选育培植出高产、高效、优质的品种共计 36 个,提供各种水果种苗 400 多万株。其中,"金太阳"银杏品种获得了郧阳区人民政府授予的科技进步三等奖。

正是由于袁智国执着的追求、不懈的努力和求真务实的工作作风,使郧阳区党员科技培训示范基地发生了翻天覆地的变化,面貌焕然一新。如今的基地已成为十堰地区闻名的集科技培训、科技示范、科技样板、科技推广、旅游观光等于一体的现代化农业生产园,方圆 200 多亩的水泥路面已贯穿全园,园内鸟语花香,四季常青,20 余种不同品种的水果排列有序,错落有致,每年 4—11 月份,红色的、绿色的、青色的、紫色的等各种颜色的水果压弯了枝条……

自 1999 年袁智国上任十余年来,基地共培训基层党员和果树爱好者达 23000 余人次,接待参观学习的各地客人 2 万多人

次,辐射带动全区农村发展各类示范基地150多个,带动全区农村发展优质水果76000多亩,给社会直接创造经济效益每年达5亿元左右。

袁智国示范带动农户发展葡萄产业

俗话说得好:有付出,就有回报。2000年袁智国被十堰市人事局评为"2000年度十堰市农村乡土拔尖人才";2001年被郧阳区人民政府评为"优秀农村乡土拔尖人才";2006年被十堰市科协授予"十堰市第三届科普能手"荣誉称号;2010年被中国农村致富技术函授大学评为"中国农函大优秀教师";2011年被湖北省农函大授予"湖北省农函大先进工作者(教师)"荣誉称号;2012年被十堰市科学技术协会授予"十堰市2011年度农村科普带头人"荣誉称号;2013年被湖北省人力资源和社会保障厅评为"湖北省农村实用拔尖人才"。

屡败屡战勇向前 技术创出新天地

——记省农函大鹤峰分校学员、鹤峰县香菇种植大户唐天安

首次创业顺风顺水 商海险恶血本无归

唐天安，生于1964年，高高的个子，额颅硕大，浓眉大眼，脸庞清瘦，为人谦和，寡言少语。唐家世代皆以务农为生，勤劳善良，忠厚老实。唐天安父母养育天安兄妹四人，天安上有两个哥哥，他是老三，天安之下还有一个妹妹，一家六口，家大口阔。在人民公社时期，一家六口，嗷嗷待哺，日子过得十分艰辛。

一天，唐天安无意中从舅父口中得知，区供销社茶厂为适应茶叶加工需求，准备扶持个人兴办几个茶叶加工厂，由供销社无偿提供揉茶机一部以作扶持。在与父母商量后，唐天安把家中的所有积蓄拿出用作原始本金，兴办茶厂，并于1984年春正式开业。

茶厂开办后，天安精心管理，努力钻研茶叶加工技术，尽最大可能提高茶叶产品质量，茶叶质量深受供销社茶叶收购部好评。这一年，天安盈利3000元有余。此后4年顺风顺水，每年盈利皆在4000元左右，其产品销售渠道也由供销社统购逐步转向自主销售，发展空间得以拓展。

自古道,天有不测风云,人有旦夕祸福。这年七月中旬左右,湖北通城一位茶叶商家来太平收购茶叶,谁知交货后人不见踪影,就这样,天安损失 6000 斤干茶,共 25000 余元。怎么办?是就此消沉下去还是东山再起另寻出路?经过思考,冷静分析当时境况,决定暂时开拖拉机跑运输,为重新创业再打基础。

二次创业春风得意　天降横祸九死一生

转眼间,已是四年过去。这 4 年,唐天安靠着辛勤劳作,开拖拉机跑运输,每年可赚利润 8000 余元。经过 4 年打拼,手中又有了 3 万元左右的积累。其间,在 1993 年,唐天安还开办了一个猪厂,每年销售生猪 80 余头,每头猪纯利 50 元左右,年盈利 5000 元左右。

1996 年农历腊月二十六,北风呼啸,大雪纷飞,天寒地冻,唐天安开着小货车从恩施回太平镇唐家村过年。当车行至宣恩东门关至板寨方向下坡路段时,突然间,一辆黑色小轿车瞬间出现在距唐天安所驾江淮小货车不足 20 米处,眼看惨剧即将发生,天安猛力将方向盘向右急打,任由自己的小货车向路里侧那嵯峨嶙峋的石壁撞去!强大的冲击力在瞬间将车头引擎撞瘪,变形的引擎于瞬间将驾驶室挤扁,天安的双脚被变形的驾驶楼外壳紧紧卡住。

经医生初步诊断,唐天安脚踝骨已粉碎性骨折,其脚踝骨已被挤碎变扁。医生只好在唐天安破碎的脚踝与小腿部位处安上两截钢板,而后再将破碎的骨块用钢质螺栓固定。在经过长达近 5 个小时的手术后,唐天安的脚踝及小腿部位装上了 2 截钢板、5 根螺栓、5 颗螺帽。

住院半年后,治疗费用已花 27000 余元,医生建议还治疗一段时间,但家中积蓄已花光。唐天安一咬牙,将心一横,不顾医生的劝阻出院了。虽然回了家,但双脚仍无法全掌着地,仍只能以脚尖着地。唐天安忍着钻心的疼痛,在妻子的搀扶下,怀着坚强的信念,无论雨雪风霜,无论烈日酷暑,在经过漫长的一年零三个月的"芭蕾式"行走后,终于可以全掌着地,可以勉强如正常人那般行走。在厄运面前,唐天安又一次重新站立,又一次重新走路了,他又一次胜利了!

再次创业道路崎岖　农函大技术终成正果

拖拉机不能开了,一家人生计何所依托?当时,鹤峰县委县政府在太平倡导发展香菇产业,唐天安在经过思考后,决定种植香菇,再次创业。这一年,他种了冬菇4000筒,当年盈利4000元。第二年,唐天安又扩大种植规模,种了1万筒,当年盈利12000余元。第三年,唐天安到福建、本省等地培训学习农函大技术,回来后,自己加工制作菌筒,扩大规模,在唐家村中下坝,租了6亩土地,种了5万筒。按照常理,每个菌筒至少可盈利1～1.2元。如此算来,这5万筒至少可盈利5万元。这5万个菌筒种下后,经过精心管理,在预定的时间里都开始出菇了。葱白的菌柄撑着紫褐色的伞一般的菌盖,密密麻麻地从菌厢上破土而出,散发出香菇独有的馨香。

再有三天就可以收获了!眼见这喜人的长势,唐天安夫妇二人满心欢喜,心想,这一年必定是一个大大的丰收年。可是,无情的命运又一次给初见成效的唐天安来了一个一百八十度大转弯,又一次给唐天安以重大挫折,又一次使他变成了穷光蛋!

就在这年农历五月上旬的一天夜里,电闪窜腾,狂风暴雨,彻夜不息。未及天明,唐天安夫妇打着手电,擎着雨伞在菇田边一看,浑黄的洪水已将六亩菇田全部吞没,菇田已是汪洋一片,漂浮着的菌棚茅草顶尽皆坍塌散落,被无情的洪水撕成一块块碎片和还生长着香菇的菌筒在洪水上飘荡着,或打着旋,或渐渐沉没。看着这一年的希望又一次彻底破灭,唐天安两口子禁不住泪流满面。这一次打击可不小,5万个菌筒,每个菌筒成本约在1.25元左右,5万筒即是62500元啊!这次包括菌棚损失,总共近八万元。

唐天安在妻子的支持下,吸取了教训,将菌棚基地做了部分调整,将基地的一部分移至上坝及耪上田地,因为这部分基地即使在洪水季节也可避免水淹,保险系数有了较大提高。就这样,这第四年,唐天安不仅依然种香菇,而且还将规模比上一年翻了一番,种了10万筒。

为了帮助乡亲们共同发展致富,唐天安还为周边共20户菇农加工菌筒共30万筒。在这20户种植户中,有少数人因经营管理不善及价格因素导致亏本,至今尚有7户欠唐天安加工菌筒成本费18000多元。这些农户至今还有人愧疚地说:"我们还欠你的菌筒款哩!"对此,唐天安体谅这些农户的境况与心情,说:"你们种亏了,赔了本,不怪你!"对这些农户,唐天安至今从未催讨其钱款。对此事,唐天安对人说:"人都会有失败的时候,我也遇到过困难,我晓得人处于困境中是种什么感觉,我理解。这些人也并不是成心想赖我的账,也是被逼无奈!"就这样,唐天安以一种博大的胸怀对此事予以宽容,一笑了之。

到了2010年,鹤峰县农函大太平分校得知唐天安创业事迹后,特地从县里找来农函大香菇方面的老师进行专业培训,免费

发放农函大香菇种植书籍,教授新的种植技术、培育方法。通过农
函大的培训和唐天安自己的努力,到 2011 年,唐天安种植香菇的
香菇已达 20 万筒,年销售额百万元以上,年纯盈利 50 万元以上,
现已基本形成生产、加工、冷藏、销售一条龙模式,自 2003 年始,
唐天安作为鹤峰香菇产业的成功典范,多次向外省外县来考察的
考察团队嘉宾、领导介绍经验、汇报工作。自 2009 年始,唐天安一
家每年都被评为镇、县两级十星级文明户、标兵户。2010 年被省林
业厅表彰为"湖北省科技示范户"。2013 年,唐天安一家被鹤峰县
政府作为"鹤峰县最美家庭"候选户进入全县第二轮评选。

唐天安和妻子检查菌棚

唐天安在十多年的香菇种植过程中,认真学习,刻苦钻研湖
北省农函大技术书籍,不仅全部掌握了前辈人所积累的所有成功
技术经验,而且在很多方面术有专攻、技有独创。如菇料高温蒸烹

消毒灶的改良、菌厢设计的改良、无菌装袋技术的改良、消毒技术的改良、菌厢的保湿增温发明、菇筒菌皮生长技术的发明等等。正是有了多项技术创新，唐天安在香菇种植过程中，降低了成本，提高了香菇品质，提高了产品竞争力。有几项新技术为全国同行之首创。正因为如此，唐田安成了享誉湘鄂的种植的土专家。近些年来，湖南桑植县、张家界市领导多次率团来唐天安香菇种植基地考察，参观学习，且多次提出高薪聘请唐天安在上述两地开办新基地，对当地香菇产业进行技术指导，但唐天安因为自己太平镇的基地无法丢开而未能成行。在唐天安的多项创新技术中，有两项至今无人企及，其一是消毒技术的创新，使菇筒制作的成功率由前辈人的90%提高到99.9%；其二是菇筒菌皮生成技术以代替保湿剂，此项技术不仅使每个菇筒降低成本六角，而且香菇品质更优，无污染残留，完全环保，是高品质的绿色食品。此项技术的成功，使唐天安的菇筒成本比他人降低四分之一，利润率大幅提高。随着唐天安的技术创新、发明创造，在太平镇香菇生产行业中唐天安位居榜首，凡有人来虚心求教，唐天安都尽可能地给予指导帮助，以带领乡亲们共同致富。

在唐天安近30年的创业生涯中，三次创业，四次大挫。然而，唐天安硬是凭着一种永不服输的精神，屡败屡战，屡挫屡起，愈挫愈勇，百折不挠，一步一个脚印，踏踏实实，顽强前行。无论前途是荆棘丛生还是坎坷崎岖，不管是雨雪风霜还是刀山火海，他信念坚定，永不服输，永不后退，永不倒下。在家人的支持与鼓励下，历尽磨难，努力学习农函大技术，终成正果，用一双残疾变形的铁脚走出了一片光明灿烂的新天地！

深情系大地　春雨润心田

——记省农函大老河口分校学员、
老河口市春雨合作社理事长唐少东

唐少东,今年38岁,是老河口市春雨苗木果品专业合作社理事长。1997年,唐少东从老河口职业技术学校毕业后,只身来到远离家乡的浙江打工,凭着在学校学到的专业技术,在一个台资企业从事苗圃及果园的管理工作。由于善学习,肯吃苦,唐少东很快从普通的农工做到了部门经理,工资也由1000多涨到8000多元。在企业的工作经历使他学会了管理和经营技能,熟悉了苗木果品的市场营销方式。当他看到许多新品种水果在南方市场非常畅销,而且价格竟比老家的价格高出很多,于是就有了回乡创业的想法。

2002年,唐少东辞工回到老河口,承包了50亩果园,从西北农业大学及郑州果树研究所引进80个果树品种,对其进行高接换优。为了保证种植成功,他吃住在果园,亲自打药施肥。第二年,他栽培的西未红蜜桃、加纳岩白桃、瑞光18号,获湖北省农业厅优质水果奖,这极大地鼓舞了他发展果树的信心。他大量繁育新品种苗木,远销到河南等省,取得非常丰厚的经济收益。

唐少东认为,一人致富不为富,只有众手浇开幸福园,才是人生最大的追求。老河口既是传统的苗木栽培大市,也是后起的果业生产大市。由于没有组织,农户分散经营无序生产,造成果品滞销,苗木积压,甚至出现了毁园、拔苗现象。他看到这种情况,心里十分着急,为此,唐少东免费提供苗木给贫困户发展果树生产,无偿为乡亲们传授技术知识,积极帮助家乡和周边乡镇的果农致富。

在此基础上,他和几个市场意识较强的农民商量,着手组建苗木生产合作经营组织。为此,唐少东走村串户,为果农讲解专业合作社的好处,动员果农合作经营,共谋发展。2006年他筹措股金60万元,在家乡李楼成立了湖北省首家农民专业合作社老河口市春雨苗木果品专业合作社,他被选为理事长。为了规范合作社管理,建立健全了严格的规章管理制度,开展民主管理,减少了内部矛盾,形成了齐心抓经营、合力谋发展的良好局面,极大地推动了合作社的发展。他本人也被省人事厅、省财政厅联合授予"致富带头人"。

唐少东(中)为农民讲解桃树嫁接技术

为了解决果农、苗农劳力严重不足、管理水平不高、信息不通、果树品种落后的问题，唐少东牵头在合作社内部组建了机防队、修剪服务队、嫁接服务队，实行了统与分相结合的管理方式。2007年，梨树突发大面积黑斑病，这种病发生严重时可造成绝收。由于合作社及时进行了统一病虫害测报与防治，在用药剂量和时机的掌握上恰到好处，从而有效减少了果园损失。唐少东根据实践经验探索出一套果树病虫害防治的"六个一"技术、桃长枝修剪技术、高定干技术。通过新技术的推广和应用，既降低了果农的成本，又提高了果品的品质，增加了果农的收入。

在繁忙的工作中，唐少东不忘学习充电，经过三年的努力，拿到了华中农业大学的大专毕业证。十余年间，唐少东坚持引进与研发相结合，选准经济林主推新品种，共引进各类经济林果树品种300余个，参与杂交选育推出12个新品种，重点推广春雨黄桃1号、春雨黄桃2号等新品种5个。

唐少东在长期的桃品种引进、试栽、推广中积累了丰富的专业经验，参与组织了新品种桃的杂交选育工程。艰辛付出，执着追求，克服了一个又一个困难，闯过了一道又道技术难关，不花国家一分钱，终于完成了只有正规科研院所才能承担攻克的育种工程。"春雨黄桃1号""春雨黄桃2号"新品通过了湖北省林业新品种审定委员会的审定。新品种在测试中所表现出来的"好看、好吃、好卖、好栽、好管"的特点，深受群众欢迎，产品投放市场，精品果每个10元供不应求。目前，为了尽快将该品种的科技创新优势转化为产业优势、市场优势和效益优势，老河口市全面启动未来5年50000亩推广计划，年出圃100万株苗木的苗繁体系建设规划。

唐少东查看新品种结果情况

　　春雨合作社所在地被评为湖北省农函大远程教育示范点,并建立服务培训和示范基地,投资150万元建成了全市一流的现代化科技培训检测服务大楼,投资60余万元建成200余亩新品种果树引进、试栽、对比示范基地,完善了合作社与龙头企业、产业基地、村组户相结合的技术传递网络。紧紧围绕农民需求,围绕特色产业,不断拓展培训内容,运用省农函大师资和教材共享的优势以及现代远程省级播出平台,结合培训示范基地,实现科技入户"零距离",使农函大真正成为农村党员干部群众素质提升、发家致富的"加油站"。

　　唐少东不遗余力大力推广梨桃标准化栽培"六个一"技术模式,以较少的投入把成熟的技术集成优化,用药模式解决了病虫综合防治、抗旱与施肥结合、全面提升果品品质、突出安全卫生生产诸多难题,亩平增效达 800 元以上。

在唐少东的倡导下,合作社积极寻求技术支持,通过省林业厅科教处搭桥,与省林科院联姻,组建院社共建经济林杂交育种与示范推广中心,试图通过体制、机制创新,带动产业科技创新,推动老河口市果树产业发展聚变。年均繁育新品种梨、桃苗木 40 万株,送技术上门帮助全市果农开发新品种梨、桃基地 1500 亩以上,极大地推动了老河口市经济林产业进一步优化品种、合理布局。

尤其值得称道的是,2008 年老河口市十余万亩砂梨进入销售旺季后,出现了果品销售旺季不旺的严峻局面,全市果农一筹莫展,地方政府心急如焚,问题被反映到了襄樊市委、市政府。就是在这关键的时刻,唐少东挺身而出,在襄樊市商务局和地方政府的全力支持下,合作社与襄樊市各大超市接洽,就如何带动周边更多连锁超市帮助解决老河口市砂梨滞销的问题进行深入磋商,并迅速达成销售协议,合作社着眼大局拿出 25 万元新购 5000 个转运框,促销活动持续半个月,不仅解决了滞销问题,挽回果农损失 1000 余万元,而且拉动了砂梨价格回升,每公斤价格上升 0.15 元,增加果农收入 22.5 万元,极大地推进了老河口市经济林产业市场优势的形成,让"卖果难"成为一去不复返的历史。

在唐少东的带领下,春雨合作社经过 8 年的发展,已成长为全国示范合作社,湖北省校企共建桃品种选育及优质高效研发中心。现拥有成员 1056 人,生产基地 5606 亩,资产总额 3681 万元。2014 年实现销售收入 8120 万元,辐射全市经济林面积近 7 万亩,带动全市 8600 余户果农增收 1200 余万元。"四和香"绿色食品成为周边超市和南北市场上的知名品牌。

　　科技含量高、服务功能强、与农民利益联结紧、发展速度快是老河口市春雨合作社的显著特点。近几年来，春雨苗木果品合作社先后被授予"省专业合作社试点单位"、"襄樊市十佳农民专业合作经济组织"，"省级林产业龙头企业"等称号。2009 年 7 月 1 日，"四和香"桃在全国优质桃评比会上，力压群芳夺得 1 金 3 银的好成绩。2012 年 7 月 6 日，在西安市召开第三届全国桃学术研讨会暨桃果实鉴评会上，春雨合作社选送的桃品种不仅获得了最高奖项"风味皇后"奖，而且还捧回了 1 金、1 银、3 铜 5 个奖项。在 2014 年 9 月份"中华杯"优质梨评会上，春雨合作社选送的黄金梨荣获二等奖。

　　健全的运作机制，强大的辐射带动作用，良好的技术、品牌优势，使春雨苗木果品合作社 2008 年成为了国家梨产品体系唯一的一家县级实验站。2009 年度被广州军区授了"空军航空兵训练基地教育基地"，被湖北省委组织部定为"农村实用人才培训基地"。2010 年春雨合作社党支部被湖北省委表彰为"先进基层党组织"。2012 年被农业部表彰为全国示范合作社，2013 年省科技厅定为湖北省校企共建桃品种选育及优质高效研发中心，正如中国农科院农经研究所所长夏英所评价的"春雨合作社是全国最规范的合作社"，美国农业部官员葛飞德参观交流后留言所说的"这是一个真正能带领果农获得成功的、非常优秀的合作社"。

　　面对新的发展，唐少东目光更远大，目标更宏伟。新的发展谋划将以创省优名牌为重点进一步提升品牌优势，以开展生态循环经济发展示范为重点进一步提升技术优势，以李楼镇 10000 亩规模新品种桃基地建设为重点进一步提升市场优势，带动更多果农发展，进一步推动经济林产业升级增效。

小香菇绘就大蓝图

——记省农函大当阳分校学员、当阳市庙前镇香菇能人涂良洪

涂良洪，一个地道的山里娃。1973年6月出生在一个特殊的家庭：母亲幼年因病造成语言障碍，父亲在一次车祸中导致严重脑残，至今只有相当于三岁孩子的智商。贫寒的家境，迫使他初中毕业就告别了学校的大门，稚嫩的肩膀过早地扛起了家庭的重任。

为了改变家庭环境，他下过湖南、进过四川，饱尝过打工仔的酸甜苦辣。只因无高等文凭、无专业技术，他漂流南北，赚得的薪水为父母支付了医药费后所剩无几。

为了就近照顾家庭，他甘愿回到当地当起了"煤黑子"。20世纪90年代末的一天，庙前镇党委政府在庙前中学广场召开袋料香菇种植誓师大会，他闻讯毅然丢下岩斧跑进会场，农函大香菇培育专家的讲课，使他的眼睛顿觉一亮。他细心地听、认真地记，会后又找专家咨询，他对袋料香菇种植技术如渴思饮。

这就是涂良洪绘就香菇蓝图的开场曲。

敢于创新，誓做有为青年

在庙前镇，种植段木香菇过去有人尝试过，由于资源枯竭早

已成为历史。种植袋料香菇,虽然政府花钱请专家传技术,但多数人害怕把钱投进去了打水漂,不敢闯不敢试,止步不前。涂良洪是一个敢于向新的、尚未开发的领域挑战的青年,他意识到在当地几十年来都是以煤炭开采为主导产业,随着资源逐年濒临枯竭,农村剩余劳动力将来向何方?因此他欣然当起了第一个吃螃蟹的人。

俗话说"靠山吃山,靠水吃水"。从小在山里长大的涂良洪,跟着父辈学会了养山护山,如今他打定主意变山林为宝。刚过门的妻子胡开美是他得力的助手,夫妻俩磨快镰刀,背起水壶,进山修整杂灌林,为袋料香菇备料,一月下来备足了几千袋的材料,但苦于手头无钱。搭棚可以用木杆竹棍,但菌种、辅料、遮阳网和专用设备得要一大笔资金投入。就在万分为难之时,家住城区的小姨被他执着的精神所感动,自愿拿出15万元让自己的儿子同姨侄合伙经营,这才使涂良洪如鱼得水。

万事开头难。只有初中文化的涂良洪面对袋料香菇种植的严格技术要求,无数次使他伤透脑筋。真空接种、高温杀菌,没有专业设备只有土法上马;几个人挤在一间20多平方米的房子里接种,为避免杂菌侵入,紧闭的房子里几次差点让人窒息;有一次因酒精灯破裂,酒精走火几乎酿成大祸。为了尽快掌握技术,他报名参加了农函大培训班,每次下课,他都围着专家提问;平时,他一有空就泡书店,一蹲就是几个小时;央视7台的农业节目是他每天的必修之课。遇上无法破解的疑难问题,他就跑到远安县森源公司待上十天半月,免费提供劳动力,虚心拜师学艺。精诚所至,金石为开。森源公司的师傅们见他一片苦心和诚心,开始耐心手把手地教他每一个细节。有人问他："你大老远跑来无代价地吃这种苦值得吗？"涂良洪说："我一人吃点苦,等我学会了技术,将来在当地带领乡亲们走上致富路,一万个值得！"

涂良洪检查菇袋越夏情况

掌握了技术,涂良洪同表弟采取滚雪球的办法,由几千袋逐步扩大规模,手头渐渐活泛。正在高兴之时,天有不测之风云。2010年市场行情陡然低落,1斤鲜菇降到1元钱左右,加上高温天气,又烧袋1万多只。突如其来的打击,表弟决绝地退了股。这时的涂良洪并没有气馁,他想,人生不可能一帆风顺,有作为的青年,只有在艰难困苦的磨砺之中成长。他认真分析行情,改变种植环境,变过去的室内越夏为高架棚越夏,增添通风设备,以便勤通风。

苍天不负苦心人,涂良洪就这样有效地控制了烧袋现象。与此同时,由于前一年的价格低落,致使不少种植户放弃种植,当年产品减少，市场价格飙升，涂良洪好好赚了一把。看到有利的前景，他决定由当年的4000袋逐步向年种植10万的规模户靠近，2014年他同妻子年纯收入达到15万元。

乐于奉献，引领乡亲致富

涂良洪有钱了，地方乡亲看在眼里；他吃过多少苦、受过多少挫折，乡亲们也记在心里。大家想跟着发展这一产业，但又怕经不起如此磨难。涂良洪了解乡亲们的心思，主动上门介绍香菇的发展前景，并承诺无偿传授种植技术。村民陈大政以前靠挖煤养家糊口，一次车祸使他成了残疾，家境变得危困。涂良洪见状，感同身受，亲自找上门，建议他种植袋料香菇，不仅为其无偿提供技术帮扶，同时在设备借用、资金周转等方方面面的资助，使陈家当年就上了1万袋的规模，迅疾扭转了家庭困境。

2014年以来，由于国家对煤炭产业的调控，不少采煤工人失业，这些人都成了涂良洪的帮带对象。他对传授技术毫无保守，对设备借用从不吝啬。村民何兵从煤矿下岗在家无所事事，通过涂良洪的劝说，他今年一次性就种植香菇3万多袋。

由于种植户逐年增多，一遇下雨天，菇农采下的鲜菇无人收购。为了使乡亲们不受损失，去年涂良洪投资4万多元在当地建起了冷冻库，为大家代收代储，解决了种植户的后顾之忧。

"要致富先修路。"涂良洪居住的地方离通村公路1000多米，一条人行小道制约了在这里居住的14户村民的经济发展。外面的物资运进来要耗费不少人力财力，产品卖出去得不到好价钱，多年来村民们一直为此头痛。2014年秋，涂良洪拿出部分资金，请来挖掘机开辟路基,乡亲们见他带了头,纷纷出资出力,将这段路基打通了,只要在晴天,大车小车畅通无阻了;涂良洪说,只要他的香菇产业稳步发展,明年他将拿出部分资金同乡亲们一道将这段路铺上水泥,建成一条晴雨路。

在庙前镇庙前村,通过涂良洪的传、帮、带,近两年新发展袋料香菇种植户 50 多户、160 多万袋,年收入 800 多万元。乡亲们亲切地称他"香菇能人",他被地方党委、政府冠以"农民致富领头雁"。

依托协会,推动产业发展

2012 年 11 月,庙前镇注册成立了"当阳市绿意食用菌协会",涂良洪率先加入协会,并被协会指定担任庙前村基地建设责任人。从此,他依托产业建协会、依托协会搞服务、依托服务促发展,协助会长围绕产业发展制定科普工作规划,采取多形式、多层次、多渠道进行科普宣传活动、开展科普学习。

三年来,涂良洪同协会其他人员一道,在全镇 18 个村组织进行香菇种植技术培训 17 场次,参训人员达 3000 多人次。培训中,在聘请农函大专家授课的同时,他把自己多年来摸索的经验现场示范,从粉料、辅料添加、装袋、杀菌、点种、注水到采摘、烘干、储藏,全套流程技术,他毫无保留,每一次参加培训的会员个个都感觉受益匪浅。

为了推动产业发展、提高产品质量,涂良洪组织基地会员开展学习交流活动。一是会员与会员之间相互交流,取长补短,互通有无;二是走出大门到外省市学习交流,协会先后组织部分种植户到河南省、本省内的随州市、远安县等地学习取经,开阔眼界,增长技能,增强发展信心,提高种植技能。同时,为会员提供便利快捷的销售渠道、提供优质优价的菌种和辅料、帮助会员维权、保护会员的合法利益,使会员放心大胆种香菇、一心一意谋发展。

　　以当阳市绿意食用菌协会为平台,在以涂良洪为代表的能人帮扶下,庙前镇食用菌产业迅猛发展,规模逐年扩大,效益连年攀升。截至目前,庙前镇已发展香菇 1000 万袋,产量超过 1000 吨,年总收入达 7000 万元,种植户人均增收 2000 元。当地香菇已成功申报注册商标,香菇产品已成为庙前镇主导产业。绿意食用菌协会在 2013 年和 2014 年连续两年被当阳市评为"优秀农业技术协会",涂良洪年年被协会授予"优秀基地责任人"。

青春，携梦飞翔

——记省农函大孝昌分校学员、
孝昌县飞翔食用菌种植专业合作社理事长黄飞翔

入夏时节，孝昌县花园镇常丰村山峦叠翠，满目葱茏。景观塘中碧水如镜，白墙黛瓦的徽派小楼掩映在绿坡树丛，犹如田园画卷般美好。

画卷般的乡村间走来一个皮肤略黑的年轻人，他就是入职仅一年的常丰村大学生村官黄飞翔。这个敢于挑战自己的年轻人，毕业后放弃稳定的国企工作，回乡创业，后被选聘为大学生村官。此后，他立即进入工作状态，请来农业厅、市农业局、县农函大菌类技术专家做技术顾问，并在村里组建起食用菌合作社，带领村民致富奔小康，干了一件又一件前人不敢尝试的事情，受到了群众的认可和爱戴。

2009年大学毕业时，黄飞翔顺利在武汉一家国企就职。虽然工作干得很顺利，还获得了优秀员工的称号，但是他时常感觉自我发挥的空间不大，自己创业的想法逐渐萌生。

节日回到位于双峰山脚下的家中时，黄飞翔总能听到父亲、邻居谈论茶叶种植、生产、销售的种种问题，在茶农的抱怨声里他听出了商机。黄飞翔心里腾出一个念头——回到家乡闯一闯！

行动者胜过梦想家。黄飞翔在咨询了县、镇科协、县农函大专业人士茶叶种植、生产、营销管理等方面的知识后,2011年底,毅然回到家乡。

回村第一件事情就是张罗着组建专业合作社。黄飞翔要搭建一个平台,将原本单打独斗的茶农联合起来抱团发展。

前期的充分调查让左邻右舍的20多户乡亲十分信任这位回乡大学生。2012年2月,注册资金30万元的双峰村茶叶专业合作社正式注册成立。建厂房,引进新设备,请来技术人员培训指导,同时通过土地流转、开拓新茶园,合作社茶园逐步发展到450亩。科学化的种植、严格的质量控制提升了茶叶的品质。2012年底经全体社员讨论通过,合作社注册了"双峰绿茶"商标,开设了两家直销门店,并对产品包装进行了换代升级。慢慢地,双峰绿茶有了名气,价格上去了,每亩直接为茶农增收800元以上。现在双峰村周边已有110余户茶农加入了合作社。

2013年通过考试,黄飞翔被选聘为花园镇常丰村大学生村官。他认为:"这个平台更广阔,我想用我的知识为更多村民带来看得见的实惠。"

当选村官后,黄飞翔主动去村民家里串门、拉家常,迅速拉近了与村民的感情,村民们现在和他无话不谈。

合作社会员左见堂评价黄飞翔说:"他做事相当务实诚实可靠,我们在一起打交道,已经形成朋友的关系,而不是一种工作上的关系,所以说我们是无条件的信任,他的构思想法都很好。我们把这个产业由小到大发展起来,让观望的群众积极地参与,把它形成一个市场化,形成一种产业化,把它的覆盖面扩大,达成一个品牌。"

上任之初,正赶上新农村建设,常丰村是全市农村新社区的示范村。黄飞翔每天在工地上协调监督项目,忙得不亦乐乎。社区建设进展很快,房子建好了,配套设施也完善了,黄飞翔又思考着一个新问题:怎样让村民们都富起来?什么样的项目所需劳动力强度不大、风险较小,既能将留守的老人、妇女带动起来,又能增加村民的收入呢?他琢磨开来。

恰好在全市"三万"活动中,市科技局是常丰村的驻点单位。黄飞翔眼前一亮,将发展村级种植、养殖的想法与科技局驻村人员进行了沟通。驻村人员非常重视黄飞翔的想法,经过实地论证,成立实用菌合作社的项目被确立了下来。

食用菌合作社农户无需出资,可借用合作社平台学习技术,后期享受上门指导、产品销售等优惠,村民们来了兴趣。为更好地了解菌类种植,黄飞翔特地到随州金鑫蘑菇种植基地进行考察,并请来县科协农函大的专业技术人员来村开展讲座。了解了食用菌种植的优势后,村民主动找到黄飞翔,要求加入合作社。目前已经有 12 户农户加入了合作社,400 平方米的培育厂房已开工建设,480 平方米的大棚正在计划中。

虽然技术上有了支持,但是黄飞翔对蘑菇销售市场的了解是一片空白,通过不断深入市场和商家沟通,他的诚意终于打动了县内几家大中型超市和农贸市场。"我们能够坚持在每天早上 5 点钟配货,6 点半到超市,7 点钟市民就可以买到新鲜的蘑菇。而且,我们作为农民合作经济组织,有更强的社会责任感和担当意识,在食品安全质量这一块要求比较严的,而且定期把我们的产品送到科研院所进行检测。"黄飞翔承诺。

黄飞翔(右)查看食用菌生长情况

"我们不仅种植平菇、金针菇等常见食用菌,还将培育稀有菌种,将灵芝、银耳等打造成观赏性盆栽。"黄飞翔谈起种植前景很有信心,"本地没有此类种植基地,产品完全可以本土消化,超市、菜场、餐饮都是销售渠道,身边处处是商机。"

说起以后的打算,黄飞翔做了一个握拳的手势,"先把食用菌合作社培育好,让村民有致富的信心和技术,再建立互联网销售平台,一步一步地壮大集体经济,让村民的生活、环境和收入都有提升。""担任大学生村官,就是为了带领着村民们共同走上致富的道路。"

小企业引爆大农业

——记省农函武穴分校学员、
武穴市龙昌食品有限公司董事长黄正武

　　农村发展、农业增效、农民增收，呼唤着能带动农业增效、农民增收的新型农民。顺应时代的需要和群众的呼唤，武穴市龙昌食品有限公司董事长黄正武挺身而出，主动担当，大胆作为，成为一名新型农民企业家。黄正武本是一个普通的农民工，只有初中文化，但他所不同的是有着远大的理想，敢拼敢搏的精神，超人的胆识，敏锐的目光，创办了一家农副产品加工业，引爆了全镇的大农业。2014年，公司实现销售收入4000多万元，利税400多万元，同时产业链条带动1100多户农民，种植冬瓜面积5000多亩，亩平增收2000多元，是传统农作物收入的2倍以上，达到企业与农业双赢目的。董事长黄正武因此被评为黄冈市"劳务创业之星"、龙坪镇"党员双带标兵"，成为鄂东地区赫赫有名的"冬瓜大王"。

野心勃勃"偷"学技能

　　黄正武是龙坪镇花园居委会农民，今年45岁。20年前，他和许多外出务工的农民工一样，怀着美好的愿望，想在外面挣够一笔钱，甩掉贫困帽子做栋大楼房，买辆小轿车，过上潇潇洒洒的生活。1995年，黄正武踏上南下的火车到达广州。在这繁华的世界、企业林立的地方,黄正武一没文凭二没技术,想找份工作谈何容易!他甚至有点失望,外面的世界并不是他想象的那么精彩。快一个月了,带来的几百元钱花光了,几乎没有回去的路费,他不得不在广州郊区的一个农副产品加工厂干苦力,工资虽然不高,起码不会挨饿。这家加工厂主要是以农副产品冬瓜为主要加工原料,经过十几道工序加工,脱水熬制成冬瓜蓉,冬瓜蓉是制作水果馅的基本原料,其用量占月饼水果馅料总量50%以上。月饼文化是中国文化的重要组成部分,有华人的地方就有月饼,这就是月饼销售长盛不衰的原因所在。

黄正武

黄正武在这家加工厂上班5年,逐渐对这家加工厂产生了兴趣,有了新的想法:家乡是种冬瓜的好地方,何不学会技术回乡发展?他这一新的想法,彻底改变了他当初外出务工挣钱建房买车过潇洒日子的想法。于是,野心勃勃的他开始熟悉掌握各道加工流程细节,将自己的想法深深地埋在心里,连同在一起务工的同乡也没看来,谁都不知道这个看似非常老实的工人正在"偷偷"学会整个加工工艺呢!由于黄正武在加工厂"勤奋好学、吃苦能干",很快被提升为车间主任,全面管理车间生产流程。黄正武喜出望外,彻底掌握各生产工艺的时机到了,甚至销售渠道也摸清楚了。在加工厂工作了13年的黄正武,看到时机已经成熟,便毅然辞职。于2008年,带着满肚子的冬瓜加工技术和省吃俭用的几十万元薪水踏上回乡的创业路程。

雄心万丈创大业

2008年,黄正武想在家乡创办冬瓜加工厂的想法,得到了龙坪镇党委政府高度重视和大力支持,因为农副产品加工企业可以解决农副产品销售难的大难题。刚开始,由于黄正武资金不足,便想以"滚雪球"的方式慢慢摸索发展。他经过考察,看中了该镇朱河村雷垸一家闲置的大米加工厂,得到了该村"两委"的大力支持。村委会以最优惠的价格将这家大米加工厂厂房租赁给黄正武办厂。

黄正武东借西借凑了100万元,拉开了创办黄冈市第一家冬瓜加工厂的帷幕。仅5个月,就正式生产,因为当年本地农民种植的冬瓜面积不多,也有很多农民怕担风险不愿大面积种植。他不得不在安徽、江西等地收购冬瓜,不惜高额运费运回来加工,但效益仍然可观。经过三年的小打小闹,小企业初具规模,黄正武决定将"蛋糕"做强做大。原租赁厂房已不能适应扩大再生产的需要。2011年,黄正武将龙昌食品加工厂更名为龙昌食品有限公司。公司投资 1200 万元，在朱河村征地 30 亩，新建钢结构厂房 3000 多平方米，仓库扩容到 1 万多平方米。购置了最先进的节能锅炉 2 台，蒸汽锅 20 台，冬瓜粉料机 6 台，破瓜机 4 台，真空机 2 台，全自动包装机等各种生产设备共计 60 多台套，成立了 3 个车间和相关职能部门。安排农村剩余劳动力 150 多人，还聘请了 10 名大学生任科技骨干。新建的龙昌食品有限公司年加工冬瓜 6 万多吨，年产冬瓜蓉 1500 余吨。与广东、福建、湖北等多家知名企业签订了营销合同。

黄正武 2013 年成立的武穴市龙昌食品有限公司

公司生产扩大了，万事俱备。但原料冬瓜能满足这么大的生产需求吗？这是公司发展的"最大的"问题，没想到被镇政府和村委会两级组织主动义务"承包"破解了。

建好基地获双赢

冬瓜是一种产量高、食用广、投资少、投劳少，便于管理的农作物。俗称"懒庄稼"，它不仅可以做鲜菜出售，也可加工成咸冬瓜、五香冬瓜、冬瓜蓉等产品，还可以制成糖果、馅料、饮料，用途极其广泛。如果不用于深加工，仅靠鲜菜出售，市场空间极小，好种难销，农民一般不愿意种植。

为保证龙昌食品有限公司的原料供应，龙坪镇和朱河村干部主动成立"后勤保障部"，充当义务协调员，引导和鼓励农民种植冬瓜，备足原料，为公司分忧，实现企业增收、农业增收的目的。为使种植冬瓜的农民更好地掌握高产、稳产技术，龙坪镇政府还专门聘请武穴市农函大3名农技师到龙坪镇为种冬瓜的农民讲授了冬瓜苗床管理、苗期管理、肥水管理、病虫害防治等技术课。500多农民参加了培训，极大地提高了种植热情和种植技术。

前三年，龙昌食品厂还是"小孩"的时候，"饭量"不大，基本"口粮"地仅靠朱河村部分农民种植面积就足够了。新建的龙昌食品有限公司现在是"成年人"了，"胃口"也增大了很多，日"消化"冬瓜150多吨，一年的"口粮"面积需要几个村的土地，"后勤保障部"就将冬瓜种植面积扩大到全镇其他村组，并进村入户与农民签订种植合同，发放冬瓜种植高产技术资料，公司免费提供冬瓜良种，农技员上门指导。

为进一步使种冬瓜的农民吃上"定心丸"，公司与种植冬瓜农民签订订单，实行保底价，现金收购。冬瓜收购季节，每天几十上百辆电动三轮车满载着"炮弹形"冬瓜向公司运送，就像抗战时期老百姓推着三轮车向前线运送炮弹一样，情景十分壮观，形成了一道亮丽的风景线。

由于本地冬瓜品质好，这种绿色食品深加后，在市场上十分俏销，价格不断上涨，产品供不应求。为使"合作伙伴"与公司捆绑增收，达到长久合作和双赢目的，公司决定让利瓜农，将冬瓜订单价格每公斤 0.24 元提高到每公斤 0.36 元，仅每公斤涨 0.12 元，瓜农亩平就纯增 1000 多元，公司一年就少赚 300 多万元。董事长黄正武高兴地说："公司少赚点钱是小事，我的目的就是要让农业增效，农民增收，广大农民富起来就是我办企业的目的。"

合作伙伴扭危机

创业的路上并不是一帆风顺的。前几年，每到冬瓜收购季节，公司为了现金收购瓜农的冬瓜，到处借贷，甚至高息向私人借款，才勉强维持收购期间的资金周转。2013 年，龙昌食品有限公司为了进一步扩大生产规模，更新了新式设备，构建了现代化加工车间，大额贷款一时不能到位，几百万元的缺口收购资金便成了公司燃眉之急，董事长黄正武急得像热锅上的蚂蚁，几乎束手无策，望天兴叹，甚至绝望。

但黄正武多年的美名和诚信拯救了他的公司。针对公司特殊困境，很多"合作伙伴"纷纷到公司献计献策，最后统一意见，由十多个代表提出倡议，动员全体瓜农将全年冬瓜全部赊给公司生产，等到公司年终资金回笼时再总结账，这一倡议使尝到种植冬瓜好处的瓜农纷纷响应，全力帮扶公司渡过难关。董事长黄正武惊喜万分，破涕为笑。

当年公司从开始生产到全年生产结束，没有一分钱现金收购，瓜农也没有任何怨言，尽管其间有很多外地商贩高出公司价格收购冬瓜，但诚实的合作伙伴不为眼前的小利所动，仍然将优质冬瓜送到公司过磅入库，然后手拿过磅单"空手"而归。董事长黄正武感动地说："我万分感激全镇1000多户瓜农的大力支持，他们全都自愿将全年冬瓜全部赊给公司生产，公司几百万元的收购资金轻而易举地解决了，是我的全体合作伙伴扭转了我公司的金融危机啊！"

黄正武把农民的利益放在第一位，赢得了农民的信赖。很多农民说，像黄正武这样的好老板，以后遇到资金困难，我们依然心甘情愿将冬瓜全部赊给公司做流动资金。这是龙坪农民发自内心的对黄正武的感激之情。

谈到今后的打算，黄正武表示，计划再扩大生产量，每年按20%的冬瓜种植面积递增，继续巩固这种"公司＋农民"的经营模式，让更多的农民增收。

当新型职业农民 开发创建有机农业

——访省农函大鹤峰分校学员、
鹤峰县湾潭茶叶专业合作社法人梁付泽

梁付泽,男,生于 1971 年,高中文化,中共党员,省农函大鹤峰分校学员。从 20 世纪 90 年代初开始,从事茶叶生产销售及管理环节的各项工作,长期担任骑龙公司支部书记、湾潭河村村主任。2014 年以来,担任鹤峰县湾潭茶叶专业合作社法人。

梁付泽检查茶叶生产流水线情况

前不久,笔者专程前往鹤峰县,与梁付泽面对面交流,深度了解这位农村致富"领头羊"的成长心路历程及取得的骄人成绩。

问：请介绍一下您所在的湾潭茶叶专业合作社基本情况吧？

梁付泽（以下简称梁）：鹤峰县湾潭茶叶专业合作社2013年组建，于2014年9月成立，共有社员211人，目前是全县规模最大、社员最多的专业合作社，覆盖全乡5个产茶重点村，有茶农1500余户，茶园面积8000余亩。

问：据说农函大培训在合作社非常受欢迎？

梁：我们乡第一期"学习农函大技术、培育新兴职业农民培训班"于2014年12月4日开班，专业合作社与有机茶基地创建农户学员50人（湾潭15人，邬阳2人，百鸟25人，石龙3人，小园5人）。第二期于2015年1月14号开班，共召集专业合作社学员54人（邬阳4人，百鸟14人，小园3人，石龙2人，湾潭31人）。每期分别学习15天（7天理论，5天参观考察，3天实践）。我认为太有必要了、太及时了。

通过学习农函大技术，实施了有机茶基地建设，促进了全乡2.1万亩茶叶生产基地提档升级，大幅提高了茶园标准化管理，为企业提供了优质的茶叶加工原料；促进企业向精、深加工发展；提高了茶叶产品安全性和知名度；就地转移农村剩余劳动力3000余人；同时使辖区内的生态环境和生产条件大为改善，标准化茶园通过田间工程和推广了绿色防控技术，实施了排涝抗旱，减少了农业污染，沿田间路边和茶园行间栽植的绿化苗木即美化了环境，又促进了茶叶品质，构成了一个良性的生态循环系统。

问：参加省农函大新技术培训，您个人有什么样的实际收获？

梁：作为恩施州举办的第一期新型职业农民培训班的成员，我们感到无比幸运和自豪，结合专家教授给我们讲述的国家政策及生产与管理知识，为大家通过加快发展生产、摆脱贫穷指明了方向,找准了路子,争取了时间,掌握了知识。同时,通过学习使我更深入地了解世界茶文化的广泛内涵、历史源远流长,世界茶圣、茶仙陆羽就是我们湖北人,更了解了湖北茶叶发展的原状及现状,所取得的成绩和差距、矛盾与隐患,以及今后茶叶发展的局势与走向,进一步掌握了国家对现代农业的政策倾向,主要以家庭农场和专业合作模式加大扶持力度。

作为专业合作社的法人,使我懂得了在本社发展上应找准出路,谋划好本社的运营模式,一是要为社员服好务、赚好钱;二是要及时服务,计算成本,风险共担,利益共享;三是要按市场规律办事,树立质量第一、信誉第一、消费者第一的理念。

作为一个从事茶叶工作者,我通过认真学习,掌握了有机茶标准化建设的各项条件,从茶园种植、管理到加工、销售、包括消费者信息反馈,所有环节必须做到档案记录,有历史依据,有追溯体系。

问:学到这些技术和本领以后,您就全身心投入茶叶事业当中了?

梁:通过学习实践,使我更深层地领会了一个谚语"人不能因为贫穷而志短",我们要在逆境中找路子,在困苦中找方子,要想改变本地区贫穷落后的面貌,必须借着兄弟县乡艰苦创业的奋斗意志及成功发展的先进典范,拿出自己的实际行动,改变历史传统观点,打破历史常规(不种玉米、红苕),将所有土地全部建造好有机茶园,用自己所掌握的科学管理方法,来打造好未来几年要以茶业经济收入来带动生态旅游观光这一模式促发展。

自2013年公司与合作社创办有机茶基地建设以来,走"公司+合作社+农户+基地"的模式,已创建有机茶叶园4000余亩。公司现有员工108人,管理员12人,技术人员10人。办公、加工厂房占地40余亩,现有清洁化名优茶加工流水生产线2条,其中2015年春投产的一条500吨绿茶生产线是全县乃至全州首条大宗绿茶清洁化生产流水线,每天可以消化20吨优质鲜叶。通过一系列的促进并带动,使茶农今年可获得1800万元现金收入,较上年增收500多万元,人均增收1000多元。

问:周边农民告诉我们,他们非常感激您对他们的帮扶带动。

梁:通过推广的新技术新知识、带动并帮助,使我们专业合作社这一主心骨突显出来,具备了较高的市场主体地位和高度的社会责任要求。周边的茶农们纷纷响应,自觉管理好自己的老茶园,高标准、高质量地建造好新茶园,严格按照有机茶园的标准去管理,不打农药,不打除草剂,不施化学肥料。

问:回首这20多年的历程,您对培育新型农民有哪些认识和体会?

梁:一是学习农函大技术,对新型职业农民培育是提升农村人力资本的必然要求,是破解现代农业发展难题的有效途径。

二是新型职业农民培育不仅是现代农业快速发展的现实选择,也是现代化实现的必由之路。农业现代化的核心是农民的现代化过程,是农村人力资本提升的过程,是农民的劳动技能和相关知识提高的过程。农业是否持续增效,现代农业能否转变为高效的农业生产力,主要取决于农民能否掌握现代农业发展所必要的新技能和新知识,能否学会有效地使用现代农业要素,这些新技能、新知识的具备必须通过培育的途径来实现。

三是学习农函大技术,培育新型职业农民培育是应对现代化农业发展特点的迫切需要。现代农业是在市场主导下的产业化、规模化、集约化及高效化的农业,不同于传统农业,科技和人才是其发展的两大引擎，而科技对农业的实现必须依靠高素质人才的实践，如离开了人的作用，科技成果的产生和生产力实效的发挥则无从谈起，现代农业发展的特点迫切需要更多的新型职业农民涌现。

四是新型职业农民应具备较高的市场主体地位。职业农民的成长需要特定的社会环境，新型的城乡关系和尊重农民的社会心理环境，也包括提供完善的教育服务，不仅要有农业科技教育，还要包括农民的本质、农业发展的理念、农业文化与农业管理专业化等内容，使农业功能得以拓展、产业链条延伸、产业升级。

问：对于湾潭茶叶专业合作社的发展，您下一步有什么规划？

梁：一是新发展有机茶基地（含老茶园转性）6000 亩，覆盖全乡所有产茶村，使有机茶园面积达到 10000 亩；二是开发新产品富硒茶园 1000 亩（百鸟村、金鸡村、凤凰村）；三是结合国家政策以猪、沼、茶、蔬菜相结合模式，促进茶农降低成本，增加收入，利用能源，改变生态，发展养猪大户（150 头）10 户，建沼气池 10 口，建沼气转动池 100 余口，连接沼气用户 100 余户；四是有机茶园基础建设，人行路硬化 5 万米，机械化操作（麻木）路硬化 3 万米，安太阳能杀虫灯 500 盏，交流电杀虫灯 2000 盏，粘虫板 10 万张，发放有机肥 10000 吨，有机茶园创建技术培训，参观考察 1000 人次，发放技术资料及宣传管理手册 10000 余本。五是专业户的配置，特种养殖 2 户，水产养殖 5 户，农产品加工 5 户，农家乐 5 户，旅游休闲 2 处，建 1 栋专业合作社综合楼。

自己定的这一系列目标要想得到实现，我感到肩上的担子无比重大。但是，有压力就有动力，从现在起就鼓足干劲，迎难而上，为把自己的家乡变成发展先进、生活宽裕、村容整洁、管理民主的社会主义新农村去发挥出自己的一点光和热……

科技兴业的引路人

——记省农函大特聘教师、
蕲春县时珍濒湖山养土鸡园经理董以良

传科技：胸中有志日月长

现年 52 岁的董以良，在基层从事畜牧技术推广工作已有 28 个年头了，先后在蕲春县彭思、横车等乡镇任技术员、站长等职。他工作大胆创新，克难制胜。早在 1985 年，他就率先推出"五包一赔"（包防疫、诊猪病、用药、腌制、技术指导，猪死包赔）畜牧风险承包责任制，在全县广泛推广，打消了农民养猪怕病怕死的顾虑。1993 年，董以良在彭思镇大力推广良种二元杂交猪 1000 多头，其成功经验又迅速在全县推开。2003 年，董以良又回到横车镇，在火炉铺村创办了 2000 头生猪养殖示范场。在他的带动、指导和帮助下，横车镇养猪业得到迅猛发展，仅当年，规模 1000 头养猪场发展到 28 家，规模 3000 头和 10000 万头养猪场也发展到 2 家。由于长期的养殖实践，他积累了一整套完善的规模养殖经验，特别是在畜牧业的高产养殖、良种推广、疫病防治、畜禽产品加工等方面经验丰富，被当地百姓称之为"猪专家""牛博士""鸡司令"。

改革开放春风数度，鄂东大地群星争辉。头脑灵活的董以良不甘于体制的束缚，把目光投向现代科学养殖，走出了一条科技创新之路。2005年,他又大胆承包了火炉铺村千亩荒山林地,总投资400多万元,创办了"蕲春县时珍濒湖山养土鸡园"。

建场园：山里养出"金凤凰"

从那时起,董以良就决定,要建一片示范实验基地,带一方百姓致富。在建园期间,许多亲朋好友对他的行为不解。有的说,放弃好好的站长不当,靠承包一片荒山养鸡发得了财?有的说,董以良是把两个钱拿去打水漂玩。更有甚者说,他是不到黄河不死心!董以良也深知这个基地项目投资大、风险高。

开弓没有回头箭。董以良将个人全部家当60万元的积蓄交到村里,一定50年不变。为了解决建设资金问题,他一方面申请创业项目贷款,一方面争取立项政府支持,从启动信贷60万到国家扶持100万。经过3年的艰苦创业,基础设施建设初具规模。鸡园不仅建起了6层办公大楼、孵化厂、育雏车间、产品保鲜库、保证车间等,而且实现了自来水通遍山间,水泥路通入山巅,太阳能路灯环山绕,鸡棚分布在山川……

2006年,董以良从一份科技信息中得知,光叶储是饲养土鸡的最佳绿色饲料,它的叶子蛋白质高达23.4%,适应性强,耐干旱,一年栽植多年收益。为了将荒山变绿园,于是,在省林科院的帮助下,他从日本引进栽种5.8万株,再结合每年的植树造林,栽种湿地松1.2万株、泡桐1万株、果树8000株、意杨1.5万株。同时,因山利导,开挖养鱼水面120亩,建有机蔬菜基地20亩。

为确保土鸡品种普遍达到优质,董以良坚持走科学管理一条龙生产之路。首先精心选育一批种土鸡产蛋,自行孵化成小鸡。出壳后进入温室一个月,脱温后转入育成室养到1斤左右,最后进入山林放养。其次创造了优质生态放养土鸡的"553模式",即1个鸡棚养殖土鸡500只,1亩山林放养50只,1个生产周期300天左右。于是形成了一个种树种草养鸡、鸡粪肥树肥草养鱼,复合立体种养高效模式。他成功走出一条林、牧、渔、果立体经营快速致富之路,得到省市县相关部门的认可,并在全省推广。

董以良散养的土鸡

　　时珍濒湖牌土鸡蛋,又名笨蛋、柴鸡蛋。每个蛋重48克左右,蛋色特别好,绿壳蛋占30%以上,还具有蛋壳厚、蛋黄大、颜色深、蛋清稠等特点,营养丰富,风味独特,无污染,无药物残留。正因为如此,时珍牌土鸡蛋已通过国家农业部无公害认证。目前,存栏土鸡5万只,日产鲜蛋2万枚,热销于黄石、武汉、温州等大中城市和县内外的大型超市。2009年出售成鸡1万只、出售鲜蛋 400 多万株,创利税 400 多万元,是名副其实的纯天然、无污染的绿色产品。

勤服务:为民奔波为民忙

土鸡园的成功,不仅没有让董以良在现有产业发展上停下脚步,反而使他把眼光投向引领千家万户,实现共同致富。近 3 年来,为使更多的农民朋友尝到科技致富的甜头,他以省农函大蕲春分校、县农技协濒湖山养土鸡园为中心,向周边乡镇辐射建起了赤东、管窑、刘河、株林、青石和浠水县的洗马镇 6 个分场,实行分期分批统一技术、统一管理、统一收购、统一销售,以此带动一大批农户饲养土鸡。目前,饲养 100～500 只的在 1200 户以上,饲养土鸡的农户如同滚雪球一样,越滚越大,越滚越多,效益越来越好。

从 2008 年开始,董以良为把成功的经验推向社会,把自己创造的科技成果回报社会,他又组建了蕲春李时珍畜禽专业合作社,设立了农函大、农技协科学培训辅导站和业务服务中心,以"合作社 + 基地 + 农户"的模式,实现产、供、销一条龙服务,由农函大、农技协合作社组织农村实用技术培训,提供良种,技术指导,统一收购,统一品种,统一销售。如今,除带动当地 2 万多户家庭养鸡农民和具有万只以上规模的 36 家社员外,还有黄冈、鄂州、阳新、武穴、黄梅、浠水等外地农民社员。九棵松农民熊建秋,自去年参加协会培训后,回家后创办了万只养鸡场,董以良不但帮助场园建设的设计、策划,而且无偿提供技术指导,使该场形成规模,实现产销两旺。浠水县兰溪镇农民带玉奇,不顾路途遥远,参加培训学习,今年在董以良的帮助下,也建起了万只养鸡场。在饲养过程中,小带由于防疫没到位,导致鸡发病,董以良接到电话后连夜赶至浠水进行技术施救,使鸡场避免了一场灾难和损失。如今,董以良每年要免费为农民家禽、家畜培训达200场次。

"有困难可找省农函大老师和科技特派员董以良!"这是蕲春县所有养鸡户的肺腑之言,也是当地干部群众的真切体会。近几年来,董以良无论白天黑夜还是风霜雪雨,"服务你我他,帮助千万家",积极穿针引线跑项目,牵线搭桥找资金,先后帮助126个养殖户解决难题300余件次。他还公开向社会承诺:你养鸡怕死我来防,你养鸡不会我来帮,你产品不俏我来收,你技术不熟我来教,并签订合同协议。目前,合作社存栏土鸡达30多万只,每年为养鸡户直接带来经济效益1000多万元。

一路奔波一路忙,忙出了遍地鸡蛋香。2006年,时珍濒湖山养土鸡园被蕲春县科技局、县科协定为产业带动示范基地,董以良被聘为蕲春县科技特派员;2008年5月,蕲春县人民政府授予蕲春时珍濒湖山养土鸡园为"创建国家级食品安全示范县优胜企业";2009年荣获中国科协、国家财政部全国科普兴农先进单位,并被湖北省批准为科技特派员创业示范基地、全县农民专业合作社示范社。全省畜牧单位"生态放养土鸡553生产模式"现场会在蕲春召开,"时珍濒湖牌"土鸡获国家工商行政管理总局注册畜牧、土鸡、土蛋通过农业部无公害认证。董以良个人被评为中国农函大"全国农函大优秀教师""黄冈市优秀科技工作者""黄冈市科协代表";多次被县委、县政府授予"先进工作者""创业精英""科技致富能手"和"优秀科技特派员"等荣誉称号。

董以良(左二)得到省农函大领导关怀

蕲春县时珍濒湖山养土鸡园,新的活力、新的风貌。放眼望去,到处鸟花香,鸡舍遍布满山,被绿树掩映。山上土鸡欢唱,山间自来水畅,山中林灯路通,路上"蛋车"奔忙……

董以良年纯收入过40万元,带动近万人致富。在科技兴业的道路上,董以良一步一个脚印走得坚定、走得坚实、走得从容!

培育"小皇蜜" 打造特色农业新名片

——记省农函大沙市分校学员、
荆州市沙市区观音垱镇无公害瓜果协会会长程传林

在沙市区的农民群体中,程传林的知名度很高,是个"名人"。在沙市城郊,只要提起他,没有不竖起大拇指称赞的。程传林不仅是荆州市沙市区观音垱镇无公害瓜果协会会长,而且还是农函大沙市分校一名技术顾问,程传林带领他的会员和团队,历经10多年的奋斗,把一个不起眼的协会办成了一个大产业。

荆州市沙市区观音垱镇无公害瓜果协会地处荆州市沙市区的东大门、观音垱镇的皇陵村。协会于2004年4月在沙市区民政局登记注册,同年成立协会党支部组织,党员人数共有8人。随后,又依托协会成立了合作社,实施"两块牌子运行、两条腿走路"的方式,形成技术经济一体的农村专业合作组织。协会会员由最初70多人发展、辐射到目前有1000多人。多年来,协会依据办会宗旨,充分发挥党支部战斗堡垒作用,围绕富民、环保和可持续发展,立足瓜果种植产业和发展现代生态农业,致力新品种引进培育、新技术推广示范,采取"协会 + 农户"运作模式,大力发展瓜果生产,种植面积达到10000多亩,现已成为荆州市最具活力的瓜果种植基地、现代农业科技示范园区和生态农村建设综合体。协会近十年的探索与发展,有力推动了农业科技资源要素的聚集整合、有效流动和开放共享,为当地农民增收、农业增效做出了显著贡献。

2006年,协会被评为全省百名先进农村合作经济组织,被省科技厅定为首批农村基层科技信息服务站,并被确定为星火富民工程示范基地。2008年,协会被评为全国先进农技协会并获得中国科协、财政部的"科普惠农兴村计划"项目奖励。2006年以来,协会先后多次被荆州市科协、沙市区科协评为先进农村专业技术协会,2013年获得"湖北省十强农村合作社"(省农业厅)、2014"国家级示范农村合作社"(农业部)荣誉。

十多年来,程传林带领他的团队,致力于科技信息交流,充分发挥科普示范引领作用,做了大量卓有成效的工作。

程传林

立足科普培训,强化科技带动引领,不断夯实科普示范建设基础。建立健全科技培训机构,成立科技领导小组,制定培训计划。去年开展培训 12 场，培训人次 9600 人次，达到了"协会会员一户有一个科技明白人"的目的。建立了科技人才库，聘请荆州市农业科学院西甜瓜专家 3 名，网络本镇科技示范户 20 户，本地土专家 4 名，组成技术顾问和服务组织，从根本上解决了西甜瓜种植中的技术难题。

拓展销售网络，强化市场营销，不断提高协会经济效益。程传林引导协会做了下面的工作。抓好销售网络的建设，成立瓜果销售组织，选定 10 名营销人员，常年与本省大小商贩联系，定时把瓜果上市信息发给他们，让他们及时来收购；开辟外省市场，先后在河南、湖南、山东等省外埠客商建立了销售网络，及时在网站发布信息，让客商及时采购；稳定荆沙市场，每个会员都与本地小商贩有联系，数量少时以本地销售为主；建立瓜果初级加工车间，通过对瓜果进行初级加工，以保证延长瓜果食用时限，规避市场风险，从而更加有效地确保了协会会员、农户和周边农民收益。

实施品牌战略，强化质量意识，不断提高产品市场美誉度。2004 年程传林组织协会在国家工商总局注册"小皇蜜"商标，并通过省农业厅无公害产品产地认定证书和国家农业部无公害农产品认证证书。质量是品牌的核心，他和协会全体会员视产品质量为生命。抓好无公害生产，实施精细化管理，突出品牌服务。"小皇蜜"瓜果现已成为荆州市民的抢手货。

扩大基地面积，引进优良品种，做大做强瓜果产业。近十年来，观音垱镇无公害瓜果协会由最初 600 亩发展到 1 万亩，形成了沿 318 国道"十里瓜果长廊"，并辐射沙市区及周边 15 县市区，辐射面积达 10 多万亩。协会每年直接为社会生产西甜瓜 2 万多吨,产值达到 5000 多万元。规模的扩大,从根本上改变了自产自销的落后自然经营状况,逐步形成了大产业大市场大流通的绿色种植新格局。

2014 年 10 月农函大沙市分校正式挂牌成立后,程传林会长就更忙了,他把大量的精力投入到农函大的教学培训上,他说:"农函大建在我们的家乡,我们就更要好好利用农函大这个阵地,通过农函大这个平台多培养一些我们自己的土专家、土技术员,为农民朋友共同致富寻找结合点。"在不到半年时间里,程传林为农民朋友免费授课两次,得到农民朋友一致认可。

这些年来,无公害瓜果协会在程传林会长的带领下,应时而生,顺势而为,在发展中得到了中央、省、市科协和本地政府及各部门的亲切关怀和鼎力支持。从协会诞生出"小皇蜜","小皇蜜"形成大市场,它历经风雨成就了协会也成就了程传林本人。一个曾经名不见经传的协会最终成为荆州城郊特色农业的一张亮丽名片。十多年来的摸爬滚打,程传林遍尝酸甜苦辣,也收获了诸多荣誉,曾先后获得市、区"劳动模范""专业技术拔尖人才""农村科普带头人""优秀共产党员""沙市区建区 20 周年优秀建设者""荆州市十佳政协委员"等众多荣誉,并出席全国农技协大会交流经验。在程传林的带领下,协会自成立以来也涌现出了一大批市、区级科技示范户、科技带头人。

追逐绿色梦想 打造生态农庄

——记省农函大当阳分校学员、当阳市乡土拔尖人才鲁方玉

鲁方玉,女,生于1967年10月,高中文化程度,当阳市育溪镇人,"三岔路农庄"法人代表。2012年光明村授予她"产业发展带头人"荣誉称号,中共当阳市委人才工作领导小组授予她"乡土拔尖人才"殊荣。当阳党建网、《当阳新闻·沮漳半边天》和2013年《垄上行》第6期相继报道了她的典型事迹。2012年10月31日,宜昌市妇联领导率领兴山、五峰、秭归、夷陵区妇联主席和相关科室负责人到三岔路农庄学习观摩,参观了养鸡场,称赞她是"乡邻致富的好榜样"。

追逐梦想,创办乡村农庄

事情还得从头说起。鲁方玉从1995年开始从事服装、打字复印等个体经营行业,积累了一定的资金和管理经验,同时也开阔了眼界,明确了下一步的发展思路。她认识到,还是农村这个广阔天地能够干出一番事业来。

从2010年开始,鲁方玉回到她的出生地育溪镇,转型发展以农业养殖为主的多种经营,在育溪镇光明村通过土地流转方式取得了50亩的林地经营权,开始尝试创办"三岔路农庄",农庄集种

养、观光、饮食、娱乐为一体。

经过近两年的艰苦创业，鲁方玉在农庄投资种植风景树 3000 株，林下养殖山东黑鸡 2000 只，工厂化养殖海兰褐蛋鸡 11000 只，同时办起了农庄酒家、风景园、钓鱼池，配齐了棋牌等娱乐设施。

初步尝到了甜头，鲁方玉觉得自己的转型发展这步棋是走对了，这增添了她无限的信心，她坚信现代农业的种养模式有潜力、有空间、有搞头。于是她多次外出考察学习，分析比较优势，决定把现代农业科技与本地实际和市场行情有机结合，加大投资额度，发展规模化、工厂化种养模式。一分耕耘一分收获，农庄的收益得到了明显的提升，2011 年农庄实现纯收入 10 万元；2012 年农庄纯收入达到 20 万元，其中鸡蛋销售收入 10 万元，餐馆营业收入 5 万元，其他收入 5 万元；2014 年纯收入 40 万元。

舍得投入，夯实硬件建设

在几年的农庄经营实践中，鲁方玉体会到，现代农业靠集约经营，要实现集约经营就要讲究科学，舍得投资。在大手笔做好规划的前提下，她通过多元化方式融资，确保了投资的需求。截至目前，农庄累计投资 500 多万元。一是完成了养殖场房、仓库、农庄酒家、办公用房、职工宿舍等房屋建筑面积计 2000 多平方米；二是硬化了道路、场地等 1000 多平方米；三是添置了可供同时养殖万只以上海兰褐蛋鸡的养殖及设施；四是购置了车辆及饲料加工设备；五是架设了水电等配套设施；六是购买了海兰褐鸡苗 11000 羽。

鲁方玉

刻苦钻研，攻克技术难关

起初，鲁方玉对规模养殖特别是科学养殖，可以说是一窍不通，遇到了许多拦路虎，但她始终没有被困难所吓倒。她积极参加农函大组织的专题培训班学习，请农函大专家老师上门指导，订阅杂志，上网查询等方式不断探索，在反复实践中破难题、找答案。一是针对林下养殖时公母鸡混养、公鸡之间经常打斗、公鸡骚扰母鸡，影响鸡群的正常生长这个情况，她通过学习思考后，引进了第四代鸡眼镜，试着给公鸡戴上眼镜，公鸡从此安分多了，活动量减少了，也不骚扰母鸡了，鸡群的生长速度明显加快。二是成功控制了鸡的肠道疾病。由于在林下养殖，往往会引起肠道疾病，施药费用高，还容易复发，严重影响鸡群的生长，鲁方玉借鉴别人的成功经验,利用有益菌发酵饲料喂养,鸡吃了发酵饲料后,有益菌在鸡肠道中占绝对优势,增强了抵抗力,不但可以控制肠道疾病,还可以提高消化率,排出的鸡粪也无臭味,改善了鸡场环境。三是改善鸡的品质。鲁方玉在林下养殖和现代化厂房养殖过程中,采用科学的饲料配方以及黄粉虫来补充蛋白脂的新模式来改善鸡蛋的品质。

营造环境,增强服务功能

鲁方玉是一个很有创意的人,对发展农业企业有着独到的见解。她认为农业项目也可以建成观光农业,建成花园式工厂。她从绿化环境入手,硬化场地及通道,新建休闲山庄,还建有钓鱼池、风景园等观光休闲娱乐场所。经过一年多的努力,农庄所有空地几乎都实现了绿化,绿化率达到80%以上,道路硬化率达到90%以上。鲁方玉的三岔路农庄建设,不仅使自己苦尽甘来,从中获得收益,也为当地农村富余劳动力提供了就业机会,农庄现有固定职工5人,季节工10人。

随着三岔路农庄产业规模的不断扩大,农庄的示范作用和辐射效应也正在逐渐产生,附近一部分农户正在积极调整产业结构,准备加入农庄行业之中。

眼下,鲁方玉正在积极筹建育溪镇三岔路养殖专业合作社,为建设"美好育溪"增添红枝绿叶。

执着追梦 乐当"猪倌儿"

——记省农函大谷城分校学员、谷城县五山镇正升生态养猪场主曾云

她大学毕业，放弃热爱的专业回到家乡创业，通过农函大学习培训，掌握了一定专业知识，选择了一个许多人嗤之以鼻的行当，当起了"猪倌儿"，并立志把养猪当成一件快乐的事情来做。"90后"农村女孩曾云以自己的实际行动诠释了对理想执着和坚毅的真正内涵。

喜欢留着短发，身着迷彩，今年24岁的曾云，在五山镇文畈村民眼里就是一个名副其实的"假小子"，不只是因为她的外表装扮同男孩子有几分相似，更重要的是她骨子里有男孩子的执着与担当。

曾云出生在五山镇文畈村一个普通农民家庭，从小在家就十分乖巧、懂事。小时候，看到家里父母为了供养她和弟弟上学，在外拼命干活养家时，她就立誓靠自己的努力改变家里的窘境，最终她如愿考上了湖北生态工程职业技术学院。

在大学里，为了丰富和锻炼自己，学校组织的各项活动她都积极参加，主动竞选加入学生会，担任学院体育部部长。还申请入了党，成为一名共产党员。曾云先后获得"党校优秀学员""优秀学生干部""国家励志奖学金""社会实践优秀实习生""优秀毕业生代表"等荣誉。

像许多女孩一样，她也十分憧憬城里的生活，2011年9月毕业，曾云直接从学校聘到武汉一家园林公司做园林设计。原以为生活就这样安定下来，但不知从什么时候开始，她渐渐安定下来的心再次躁动起来，想着自己必须要做点什么，这样才不会后悔此生。

她想自己做一些事情。当时正值家乡生态经济、新农村建设、如火如荼发展之际，她通过充分考察市场，做出了一个令自己都十分惊讶的决定——养猪。

一个从大学毕业的女孩子回家创业养猪，这个想法一讲出来，立刻就在亲戚朋友间炸开了锅，也遭到了来自父母的反对。

精诚所至，金石为开。在她的执着努力下，慈祥的父亲终于理解女儿的想法："女儿回来跟我说想养猪，我说这个活这么脏、这么臭，你能坚持下去吗？后来女儿说通了我，我觉得改变不了她的意志，就帮助她实现她的愿望。"

曾云

回到家里，一切从头开始。为支持她开办养殖场，爸妈就把家里所有的积蓄都拿出来给了她做启动资金。由于资金有限，在建厂的时候为了省钱,很多活都是她和父亲两个人干。日复一日,累得细细的腰都直不起来。为了能达到生猪标准化规模养殖场的标准,她多方学习,积极参加农函大培训,上网查阅资料,抽空去已经成熟的养殖场实地查看学习,多次请有养殖经验的专家来现场指导。就这样,边学习边建场,花费了半年多的时间,才终于建成了年饲养量1000多头的标准化养殖场。

目前,养猪场已步入了正常的运行轨道,第一年循环饲养生猪800多头,可出栏600头,总利润达十几万元。

说到女儿的"业绩",勤扒苦做了大半辈子的父亲高兴地说:"我这一辈子也没有见过这么多的钱。女儿比我强!"

天有不测风云。正当曾云雄心勃勃大干一场时,2013年底,生猪出栏价格持续下跌,这让刚尝到创业甜头的曾云倍受挫折。

"这个市场行情确实给自己打击不小",曾云说。经过冷静细心考察,曾云发现,低迷的市场会让一批散养户淘汰出局。于是她一方面减少存栏量,减轻损失,另一方面决定再投20多万建设两栋大型猪舍,为生猪价格回升后扩大养殖规模做准备。曾云说:"有句话说得好,塞翁失马,焉知非福。现场市场行情低迷,对我来说,也是一个商机,我下一步规划,再建两栋猪舍,发展黑毛种猪,以后走生态养殖的发展路线。等市场行情好的时候,把我的产业做得更大。"

曾云在养殖上初步探索了一些经验,可是这些并不是她想要的,她觉得自己的创业规划主要是打造自己的品牌和特色,改变以前"脏、乱、臭"的养殖局面,打破传统的养猪模式,不单单为养猪而养猪,要做大做强就不能墨守成规,跟在别人后面,要有创新,有自己的特色,才能使企业立于不败之地。

曾云打算首先从养殖场的周边布局开始,充分利用自己大学所学专业,建造一个生态的养殖环境,做园林式的养殖,让生产与生态真正联系在一起。其次就是生态治理污水模式,让污水可以得到最大化的利用,比如可以利用粪便培养水上植物,作为猪的有机绿色饲料等。第三步就是自动化养殖模式,她甚至还有更长远的规划。

经过一年多的养殖学习,曾云对生猪养殖技术能熟悉掌握,下一步准备以自繁自养的养殖模式,准备要尝试新的生猪品种,提高猪肉的食用品质,打造绿色生态的猪肉牌。发展当地土猪,回归本土饲养方法,以合理喂养提高猪肉品质,以绿色健康夺得消费者的信赖。同时,还将利用农函大舞台,向他人传授养殖技术,辐射带动周边,农户科学养殖。

曾云的努力,除了收获了人生真正意义上的第一桶金,还得到了很多领导的关心与帮助,她先后获得"谷城县十大创业女明星""五山镇市帼建功标兵""谷城县青年养殖能手"、谷城县第三届"十大杰出青年"、谷城县"科技示范户"等荣誉。襄阳市、谷城县等各级领导亲自赴养殖基地参观指导她的创业项目,襄阳日报、襄阳晚报、谷城新闻网、谷城党建网、襄阳新闻网、谷城电视台等多家媒体先后对曾云的创业事迹进行报道。

选择养猪,让曾云明白了自己的创业方向,也让她找到了自己的快乐源泉,希望在这条道路上,不光洒下的是她的汗水,更多的是她绽放的笑脸和收获的甜蜜。曾云说:"大学生就业,路有千万条,我有信心把我这个事做好、做得更大,成为一个名副其实的'女猪倌'"。

合作促共赢 携手绘蓝图

——记省农函大丹江口分校学员、
丹江口市龙山镇柑橘协会理事长谢厚平

谢厚平,这个30多岁的小伙子在龙山镇可谓是家喻户晓!说起他,周围的乡亲父老都会由衷的竖起大拇指,夸上一句:"这小伙子,行!"10年来,这个其貌不扬的年轻人在致富之路上始终走在全镇百姓前面,成为一名披荆斩棘的开路先锋。他种橘养猪、加盟京华超市、开办农资超市、组织创办柑橘协会……用自己的行动带领着周围的群众走上了致富的道路。

扎根家乡,带领群众共同致富

1997年,20岁的谢厚平从丹江口市二中毕业。为了减轻家里的负担,让两个弟弟和一个妹妹能够安心上学,他放弃了继续求学的机会,走上了自主谋生之路。在当时农村青年普遍外出打工的大环境下,他却毅然留在了家乡,因为他坚信,凭借自己的双手定能在家乡闯出一片天地来!经过近半年的摸索、调查,他发现在龙山镇种植柑橘是一条很好的出路。然而,当时多数群众种植柑橘的积极性还不高,都担心种了卖不出去。谢厚平却主动找到村支书,表示自己愿意带头发展柑橘产业。

在村里的帮助下,他贷款2万元,购买了1万株橘苗。他把橘苗分给 6 户农民联种,并表示由自己来承担主要风险,让大家放下心来,一心一意种橘子。此外,他还到省农函大丹江口分校、宜昌、湖南石门学习柑橘管理技术,购买大量科技书籍和资料,带领周围村民一起学习,提高柑橘管理水平。等到橘树挂果,优质的柑橘销路出奇的好,谢厚平也由此赚到了他创业路上的"第一桶金"。

谢厚平筹建的双都农资超市

"自己富不算富,大家富才算富",这是谢厚平常常挂在嘴边的一句话。谢厚平靠柑橘种植走上了致富路,但是他并没有忘记乡亲们。在他的带动下,许多群众都纷纷把眼光投到了柑橘种植上,由于乡亲们都是第一次搞果树种植,没有技术,更缺乏经验,谢厚平自然成了义务技术员。每到一个管理阶段,谢厚平都要到村里各家各户的地里走一走,看是不是该修剪了,是不是发生了病虫害,无私地把自己学到的种植技术传授给村民。遇到解决不了的问题, 就到镇里和市里请技术员帮忙寻找病根和解决方法。这样,乡亲们都把谢厚平当成了主心骨,在柑橘种植过程中遇到什么疑难问题,都喜欢找他帮忙。

在谢厚平的带动下,龙山沟村成了龙山镇的柑橘大村,每年柑橘收入达 200 万元。几年来他的表现得到了村民的普遍认可,2001 年他成功当选龙山沟村文书。面对亲朋好友的祝贺,他平静地说:"当上村干部,意味着我肩上的责任更重了。乡亲们这么相信我,我更是要帮着大家在致富路上走得更远、走得更快! "。

谢厚平嘴上这么说,实际也在这么做。为了给大家带来方便,他加盟京华超市,将连锁店开到了群众的家门口。全乡的柑橘规模越来越大了,他的农资超市也办了起来。他说:"办超市不仅为了卖农资,而是要通过超市这个平台把橘农组织起来,为橘农提供优质的技术服务, 让全镇乃至全市的柑橘产业发展得更快、更好。"尔后,他与丹江口市柑橘研究所建立起合作关系,以他的农资超市为依托,为全乡橘农提供全方位的服务。他们先后举办柑橘管理技术培训 20 多期,培训橘农 1000 多人次。开通了农业短信服务,将最贴近实际的各种信息及时通过手机发给橘农。编辑、发放技术资料 10000 份以上。

勤奋学习,提高自身科学素质

2002 年,龙山镇农函大教学点成立。谢厚平听到这个消息后,第一个报名参加了农函大种植技术培训班。在培训班里,他如饥似渴地学习,进一步提高了科技意识,开阔了眼界。同年,为进一步加快农村产业结构调整步子,促进群众尽快增收致富,丹江口市科协、龙山镇政府决定在龙山沟村建立科普示范基地,开展柑橘标准化种植示范项目。谢厚平带头第一个交了树苗款,购买1000株橘苗进行种植。柑橘种下以后,谢厚平便一心扑到了柑橘地里。他在科技人员的指导下,施肥、除草、修剪、打药,一丝不苟,像呵护婴儿一样精心管理。在积极参加农函大科技培训的同时,他还购买了大量的科技书籍和技术资料,常常是通宵达旦地钻研柑橘种植技术。

功夫不负有心人。2004年,谢厚平种植的柑橘开始挂果,总产量1600公斤,6亩地共收入了4800元。通过学习,谢厚平慢慢积累了丰富的柑橘种植技术和经验,为日后大力推广标准化柑橘种植奠定了坚实的理论基础。

建立组织,实现产业化经营

2007年8月28日,龙山镇柑橘协会正式挂牌成立,谢厚平被推举为协会理事长。在他的精心组织下,龙山镇柑橘协会社迅速搭建起了运营框架,健全了组织。常年为龙山镇4400户、17000橘农提供产前、产中、产后服务。

谢厚平带领合作社成员经过不断探索,针对龙山镇柑橘产业基础薄弱、农民科技意识不强的现状,从提高橘农技术入手,建立了"技物结合"的培训模式。一是开展技术培训,普及柑橘高品质化栽培技术。几年来,先后开展技术培训30余场次,共有5000人次接受了培训,形成了"外地专家请来讲,本地专家主动讲,农民推广员天天讲"的培训氛围,与橘农零距离,面对面地进行技术沟通。二是发放"橘农之友"技术资料,提高技术入户率。通过技术培训和走访农户的机会共发放 24 期刊物,每期 4000 份,深受橘农欢迎。三是开启短信服务平台,强化技术服务水平。在全乡开通"柑橘技术即时短信服务平台",已经发出技术短信 20 次,全乡有 2000 名橘农可免费接收技术短信,部分橘农已经养成严格按照短信提示进行农事操作的习惯。四是合理组配绿色农资产品,引领橘农"科学种橘"。积极组配无公害柑橘生产的绿色农资产品,一些顶尖农化公司生产的优秀农药、植物营养产品史无前例地进入了丹江口市场,过去老百姓常用的"高毒、高残留、高剂量、低综合防效"农药产品,在合作社的正确引导下,正逐渐被"高效、低残留、低毒"的无公害农药所取代。

谢厚平为协会会员发放《橘农之友》

为了提高龙山镇柑橘的知名度,增强产品的竞争力,龙山镇柑橘协会以市场为导向,推行标准化生产,打出自己的品牌。目前协会拥有"武当"、"双都"两枚商标的使用权,"武当牌"柑橘被誉为"中华名果",获得绿色认证,荣获国家地理标志保护产品。

近年来全国柑橘销售情况低迷,龙山镇柑橘协会发挥了市场"瞭望哨""桥头堡"的作用,协会成员柑橘每公斤价格仍比市面售价高 0.1 元。2013 年协会兴建生态观光自采果园 500 亩。通过宣传教育、技术培训,使成员严格按标准组织生产,取得了明显的社会、生态和经济效益。合理组配绿色农资产品,引领橘农"科学种橘"。协会积极组配无公害柑橘生产的绿色农资产品,通过化肥、农药、新材料等生产资料统一购销服务,使橘农节约成本 120 元/亩。2014 年通过协会订购农药 25 吨,柑橘专用肥5200 吨,直接为会员节约生产成本 139 万元,统购率达到 96%。2013 年合作社按照湖北省"农社对接"试点统一部署,在丹江口城区人民路、丹江大道开办楚合超市两家,经营面积 300 多平方。年销售额达到 235 万元。在服务广大橘农的同时,2014 年合作社经营服务收入 860 万元,纯收益 213 万元,盈利返还 123 万元,股金分红 21 万元,协会成员户平纯收入 4.1 万元,比非会员增收 32%。

谢厚平和其他会员的工作得到了广大橘农的一致好评,各级领导也给予了充分肯定。2012 年被十堰市科协命名表彰为"十堰市农村专业技术协会",2013 年成功申报了中国科协和财政部联合实施的基层科普行动计划项目,被中国科协命名表彰为"中国农村专业技术协会"。

面向未来，争创发展新业绩

对于今后的工作，谢厚平有着清晰的思路。他希望组织更多农民参与到协会中来，扩大协会资金、人才、技术、商标、营销网络等资源，进一步做大同一产业及跨产业经营、延长产业链、提高竞争力，实现农业增效、农民增收的发展目标。树立"服务、竞争、品牌、诚信、创新"意识，更大程度地合作、抱团发展，实现共赢。运用最新的"物流网＋"技术、新的电子商务平台，为合作社的农产品找出路。

说到未来，这个淳朴壮实的小伙子满怀信心："我们将用丰硕的成果回报政府，回报社会，帮助农民增产、增收，走上致富路！"

建家庭农场 做新型农民

——记省农函大蕲春分校学员、蕲春县农技协常务理事副会长蔡志勇

在蕲河畔、蕲太公路旁，一块湖北省农函大蕲春分校、县农村技术协会"乐丰家庭农场"的牌子醒目地矗立着，这就是省农函大学员、蕲春县农技协常务理事副会长蔡志勇"土专家"老师的乐丰家庭农场。蔡志勇现年36岁，他就是穿着皮鞋插秧、开着小车种田的"现代新型职业农民"。

1997年，中专毕业的蔡志勇跟随着打工大军踏上了南下广东的火车，做过制衣工，当过泥瓦匠，吃过不少苦。十多年来虽说没有收获经济效益，但打工经历练就了他敢闯敢干、永不服输的性格。

2007年，蔡志勇回家过年，发现家乡很多村组成片撂荒的闲田，有种无言的感慨。他想，单靠几个年老体弱的老人用传统耕作方式，永远摆脱不了贫困的枷锁。他为这大片土地荒芜感到一阵心痛，一种责任感油然而生，农业发展需要年轻力量。也就在此时，县科协农函大、县农业局举办2008年春季农村实用技术培训班，他便积极报名参加了。学习之后，夫妇两人决心留在家乡种田，实现农业生产机械化。

现在回想当年的选择，他觉得非常值，农村给予他创业的大

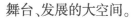

舞台、发展的大空间。

2008年春天，蔡志勇和妻子用外出打工挣回的3.2万元购回了一台"纽荷兰354"拖拉机，除种植自家责任田和流转的10亩水田外，还积极为乡亲们提供农机作业服务。

为了打开农机服务市场，只要农户有农机作业需求，不管是连片的大田大畈还是不规则的小田块，他都严格按照农机作业要求把好质量关，尽心为农户服务。双抢时节，经常是白天加黑夜连轴转，有时实在太累了，就趴在方向盘上打个盹。一年下来，人变黑了，消瘦了，种田的辛苦也尝够了。但付出辛勤的汗水终究有回报，他当年就完成了850亩的农机作业服务，实现了农机作业纯收入5万元，水稻种植纯收入1万元。

初尝甜头，信心更足。2010年4月，蔡志勇与本镇9位朋友出资87万元注册了蕲春县盛隆农机服务专业合作社，购置了农业机械23台套，以开展农机作业服务为主，并流转土地270亩。同年5月，他寻思着在自家的责任田建起水稻机械化育插秧试验田。在青石农机服务中心省农函大聘请老师黄建设的技术指导下，水稻育插秧技术获得成功，他因此成了全县水稻机插第一人。合作社的农机作业服务从机耕、机收扩展到机插实现了水稻全程机械化服务，并探索走出统一耕整、统一供种、统一育秧、统一插秧、统一收割的"五统一"农机作业新模式。

抱团发展，潜力巨大。两年时间，合作社步入健康发展轨道，流转土地1580亩，带动120人就业，培养了20多个专业种粮大户，实现经营193万元，纯收入43万元，股东分红近8万元。

创新发展，空间无限。2013年中央一号文件提出鼓励发展"家庭农场"。同时,省农科院院长、省农技协理事长冯祖强在全省农技协会上强调,全省农技协要发展家庭农场。县农技协理事长方海国主持召开常务理事会,蕲春县农技协要发展家庭农场模式,带动周边种田户致富。听到上级这一系列工作精神,一个全新的构思又在蔡志勇的大脑中孕育成形。2013年8月,他成功注册了"蕲春乐丰家庭农场",信心满怀,准备甩开膀子大干一场。

蔡志勇(中)农机作业

农场先后流转水田680亩、山地85亩、水田20亩,建起了办公场地及机具库棚800多平方米,添置各类农业机械27台套,还添置了一台别克家用小车,固定资产原值达150多万元。农场常年种植水稻、小麦、油菜等传统农作物,当年实现粮食产量36万公斤,纯利润35万元,人均年收入近7万元,在工商部门成功注册了"一品珍"绿色农产品商标,为乐丰农场发展增添了无限的后劲。

责任二字,铭记在心。2014 年,"食品安全"成为社会的热点话题,食品安全问题的新闻时时萦绕在蔡志勇耳边。"我要做现代新型农民,更要做有责任的现代新型农民。"说干就干,为了选好有机稻实验基地,蔡志勇与县农函大方锡文、张继军二位专家跑遍了青石镇的边边角角,最终将有机稻基地落户白鸡尖村,基地三面环山,山涧泉水直流沟渠,并且土地多年荒种,土壤无农药残留,非常适合有机稻种植。蔡志勇请了当地一位老农负责管理,种植模式上严格做到"三用三不用":只用传统自留种子、不用杂交稻;只用人工除草,不用除草剂等农药;只用菜籽饼、沼液沼渣等有机肥料,不用化肥。去年 6 月,在有机稻育苗期 10 来天时,秧苗遭遇虫害,新长出的秧叶一天天发黄,眼看要枯死。帮着管理的老农提议赶快打农药,不然功夫白费,损失惨重。蔡志勇一口回绝:"我们种的是有机稻不能打农药。"第二天,老农索性甩手不干了,"怕坏了自己名声"。蔡志勇不信邪,也不为所动,他每天亲自来到秧田仔细观察,看着秧苗枯萎,心急如热锅上的蚂蚁。当观望到 20 天时,突然发现秧苗的虫害减轻了,他兴奋地扒开一棵棵秧苗。到底是什么原因呢?原来干枯的秧苗叶没有了汁水,有机稻种基地由于整个区域都没有用除草剂,田岸杂草生长茂盛,虫子又向田岸杂草转移。虫子转移后,秧心又慢慢恢复了生机,原本 20 天的生长期最后延长到 40 天才转青插植,但总算"逃过一劫"了!80 亩有机稻实现了亩产平均 500 斤,销售收入 16 万元,坚守的梦想终于成为现实,同时也为农场有机稻种植打下了坚实的基础。

展望未来,信心百倍。7月双抢时,省农函大王志中主任到乐丰农场看望正在培训的农机员和学员, 为他们送去了讲课费,并为乐丰农场农函大培训实验基地挂牌,乐丰家庭农场发展规划初现雏形,"一品珍"无公害农业生态园建设风生水起。生态园内建成了两个绿色种植基地,即有机水稻种植基地、绿色蔬菜种植基地;两个养殖场,即1000只土鸡养殖场、300头成猪养殖场;两座沼气池,既提供村民家居照明又将沼气残渣转为有机肥料,循环利用,形成立体种养;两个体验园,即农耕文化生态体验园、自助式农家乐体验园。农场已开发了有机大米、手工豆干、放养黄牛肉、黑土猪肉、放养土鸡、土鸡蛋等"一品珍"系列产品。同时,农场借助团县委、县科协、省农函大蕲春分校、县农技协建立了科普专家生态农业示范基地,得到省市县相关部门的认可,县科协经常带相关专家到农场现场指导。

蔡志勇从一个月收入才几百元的打工仔到一个向国家出售商品粮156万公斤的种粮大户;从一个只有初中文化的农村青年到一个懂科学管理、善经营的新型职业农民,完成了他人胆创新、稳中求进,由打工仔到农场主的全新转身。在团县委、县科协、农业局、农机局、省农函大蕲春分校、县农技协等部门帮助下,农场产品走进电商销售市场平台,年收入纯利40万元。同时,带动周边12村民走上致富之路。

蔡志勇感慨地说,这些成绩离不开省、市、县、镇相关部门的关心支持,更离不开省农函大领导对他的鼓励和帮助。只要哪里有省农函大学员,哪里就有农村致富带头人。